一番伝わる説明の順番

田中耕比古

はじめに

説明は順番で決まる

「伝えたつもり」はなぜ起こるのか？

「君の話はよくわからない」
「結局、何が言いたいの？」

などと言われたことはないでしょうか。仕事はもちろん、プライベートにおいても、人に何かを説明するシチュエーションというのは多くあります。

プレゼンテーション、電話や対面営業での説明、業務内容や進捗報告……など、物事を説明して、相手に理解してもらうことは、仕事の基本動作だと言えます。

また、日常的な会話においても、ほとんどの場合、説明を行っています。ニュースについて話したり、最近の出来事の話をしたりするときも、多くの場合、「この問

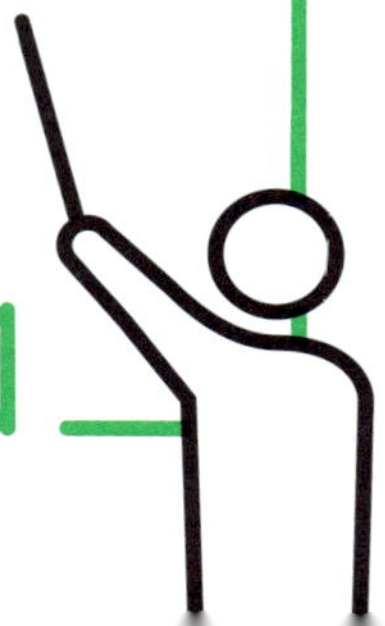

題って○○なんだと思う」「僕はこうやったほうがいいと思う。だって××が□□で……」など、自分の考えを説明することになるでしょう。

こういった説明をしたときに、話がわかりやすい人と、わかりにくい人がいます。

・シンプルな話を、複雑に伝えてしまう
・言いたいことはあるが、どうすれば伝わるのかがわからない
・話しているうちに、何を話したかったのかわからなくなってしまう

という人がいる一方で、

・難しい話をわかりやすく説明できる
・「なるほど、たしかにその通りだな」と納得してもらえる
・「その説明はわかりやすかった。すごく腑に落ちた」と言ってもらえる

という人もいるのです。

もちろん、日常生活における友人との雑談であれば、説明が拙《つたな》くても問題はありません。しかし、仕事においては大きな問題となります。

「伝わらない説明」をしていると、あなた自身の評価や、仕事の質やスピードにも悪影響が出ている恐れがあります。

プレゼンが苦手で企画が通らない、業務報告の際に何度も再提出を言い渡されてしまうなどの目に見える失敗もありますが、それよりも、説明ベタなせいで、情報の流れを止めてしまい、仕事の効率を無自覚に下げてしまっていることのほうが危険です。

ではどうすれば、わかりやすい説明ができるようになるか？

そのカギは、「説明はコミュニケーション（情報伝達）である」ということを理解することにあります。

説明というと、話し手が一方的にしゃべっているシーンを想像するかもしれません。しかし、それは独りよがりに話しているだけで、コミュニケーションではありません。

話し手が「伝えたつもり」になっているだけで、聞き手が理解しておらず、お願いしたとおりの行動をしてくれない、などということが起こります。

コミュニケーションは、話し手と聞き手が、互いに正しく情報を伝え合うものです。

そのために、「相手の頭を整理しながら伝える」ということが重要になります。

相手がしっかり理解しているか、話の流れについてきているか、などといった相手の状況を把握し、それに合わせて話し方を変えるのが、伝わる説明のコツなのです。

「何をどの順番で伝えるか」を変えるだけで、説明力は劇的に上がる

具体的に、説明力を劇的に上げる方法をお伝えしましょう。

それは**「説明の順番」を意識する**ことです。

ビジネス書ではよく「どう伝えるか」が書かれています。言い方だったり、話し方だったり、抑揚や声のトーンなどです。

しかし、それ以上に大事なのが「情報を伝える順番」なのです。

物事を説明するだけに限らず、話したり、文章で伝えたりするときに、話す順番を変えるだけで伝わり方は大きく変化します。

わかりやすい説明ができる人の多くは、何をどの順番で伝えるかを意識して話しています。逆に、説明が苦手な人は、この順番を意識していません。

極めてシンプルな例を挙げてみましょう。

「彼は嘘つきだ。しかし、いい人だ」

「彼はいい人だ。しかし、嘘つきだ」

これは同じ内容の文章ですが、読み手が受ける印象はまったく異なるものになるはずです（「親近効果」と呼ばれるもので、最後に伝えた情報が強く印象に残ります）。

このように、**人は、何をどの順番で伝えられるかだけで、受け取る情報が大きく変わってしまう**のです。

わかりやすく説明する力がある。それは、

・プレゼンや提案・主張が通りやすくなり、仕事がスムーズに進む

・伝えたいことを早々に理解してもらえるため、話が早い

・自分の頭の整理をする力が磨かれ、物事を構造的に捉えられるようになる
・人の話を聞きながら整理できるようになり、話を理解する力が高まる
・頭がいい人だと思ってもらえるために、チャンスや縁に恵まれる

などの、人生をいい方向に動かす大きな力となります。

たかが説明、されど説明。

「難しいことをわかりやすく説明できる」
それだけで、仕事や日常における、結果・印象・評価は劇的に変わります。

本書は、物事を説明する力に主眼を置いて解説していますが、そのベースとなる「物事を構造的・体系的に考える」ということについても触れています。

本書を通じて、説明方法と併せて、物事の整理方法に関しても体得していただければ、公私を問わず、対人コミュニケーション力が大きく改善することでしょう。

より豊かな人生を送るために、本書が一助となりましたら幸いです。

田中耕比古

目次

第1章

説明が下手な人は、何が間違っているのか

第2章

わかりやすい説明の順番

第3章

説明力を高める！「自分の思考」を整理するコツ

第4章

理解度が高まる！「相手の思考」を整理するコツ

第5章

印象に残る伝え方のコツ

第6章

説明力を磨く思考習慣&トレーニング

ブックデザイン／小口翔平＋岩永香穂
（tobufune）
イラスト／加納徳博
DTP／野中賢（システムタンク）
プロデュース・編集協力／鹿野哲平

第1章

説明が下手な人は、何が間違っているのか

残念な説明をする人は何が間違っているのか？

世の中には2種類の人がいます。
物事をうまく説明できる人と、うまく説明できない人です。
うまく説明できない人は相手から、

「何を言っているのかよくわからない」
「何が言いたいかもよくわからない」
「長々と話していたけど、つまりは○○ってことだよね」

などと言われてしまうことがあります。
一方、説明がうまい人の話を聞くと、それまであまりよくわかっていなかった事柄を理解できたりしますよね。あるいは、そういう人が話すと、プレゼンテーションがうまくいったり、営業の商談がまとまったり、雑談さえも盛り上がったりします。説明がうまいだけで、コミュニケーションは極めて円滑なものとなります。

この違いは一体なんなのでしょうか？

「頭のいい人は説明がうまい」と言われたりしますが、本当にそうでしょうか。

たとえば、大学教授。頭は間違いなくいいのでしょうが、大学の講義が退屈で眠くなったり、内容が頭に入ってこなかったりした経験のある人も多いと思います。

頭がいい人が話したからといって、授業がわかりやすいわけではないのですよね。

大学に限らず、学校の勉強の多くは退屈だと思われがちですが、わかりやすく面白く説明できる先生は、いつの時代も人気があります。

どの先生も「頭はいい」はずです。しかし、それがすなわち「説明する力も高い」ということにはなりません。

つまり、賢い人だからといって、必ずしも説明上手ではないのです。

ただ、**ビジネスパーソンにおいては優秀な人は総じて説明上手**です。

私は戦略コンサルタントとして仕事をしていますが、優秀なコンサルタントは、人に何かを伝えることが抜群にうまいです。

お客様のビジネスに数億〜数百億円もの影響を与えるような、大きな意思決定に関わる話題をお伝えするわけですから、当然といえば当然かもしれませんけれど。

それでは、説明上手になるための方法をお伝えする前に、残念な説明をしてしまう人の特徴と、そういう人は何を間違えているのかを見ていきましょう。

下手な説明は、相手に理解させるどころか、頭を混乱させてしまう

「説明する」ということには、常に「相手」が存在しています。

自分が伝えたい内容を、相手にしっかりと理解してもらうこと。

これが説明の目的です。

しかし、説明が下手な人がやってしまうのは、わかりやすいどころか、聞き手の頭

の中を混乱させるような説明です。

聞けば聞くほど、よくわからなくなる――。

何が言いたいのかさえも、よくわからない――。

使っている言葉がわからない――。

あなたもそんな説明を受けたことはありませんか。こういう人は、相手から期待していた反応が得られないので、焦ってさらに説明を継ぎ足していくものの、一向にいい反応が得られず、その話はますます迷路のように迷い込んでしまいます。

なぜこのようなことが起こるのか？

一言でいえば、

「相手の思考を整理できていない」

からです。

多くの場合、次のことができていないのです。

- **何をどの順番で説明するのか整理できていない**
- **説明する相手の理解レベルを意識していない**
- **自分が何を言いたいのか決まっていない**

これらができていないまま説明を始めると、相手はもちろん、自分の頭の中も混乱をきたしてしまいます。

Point

説明が苦手な人は、相手の頭の中を整理できていない

説明下手な人の3つのパターン

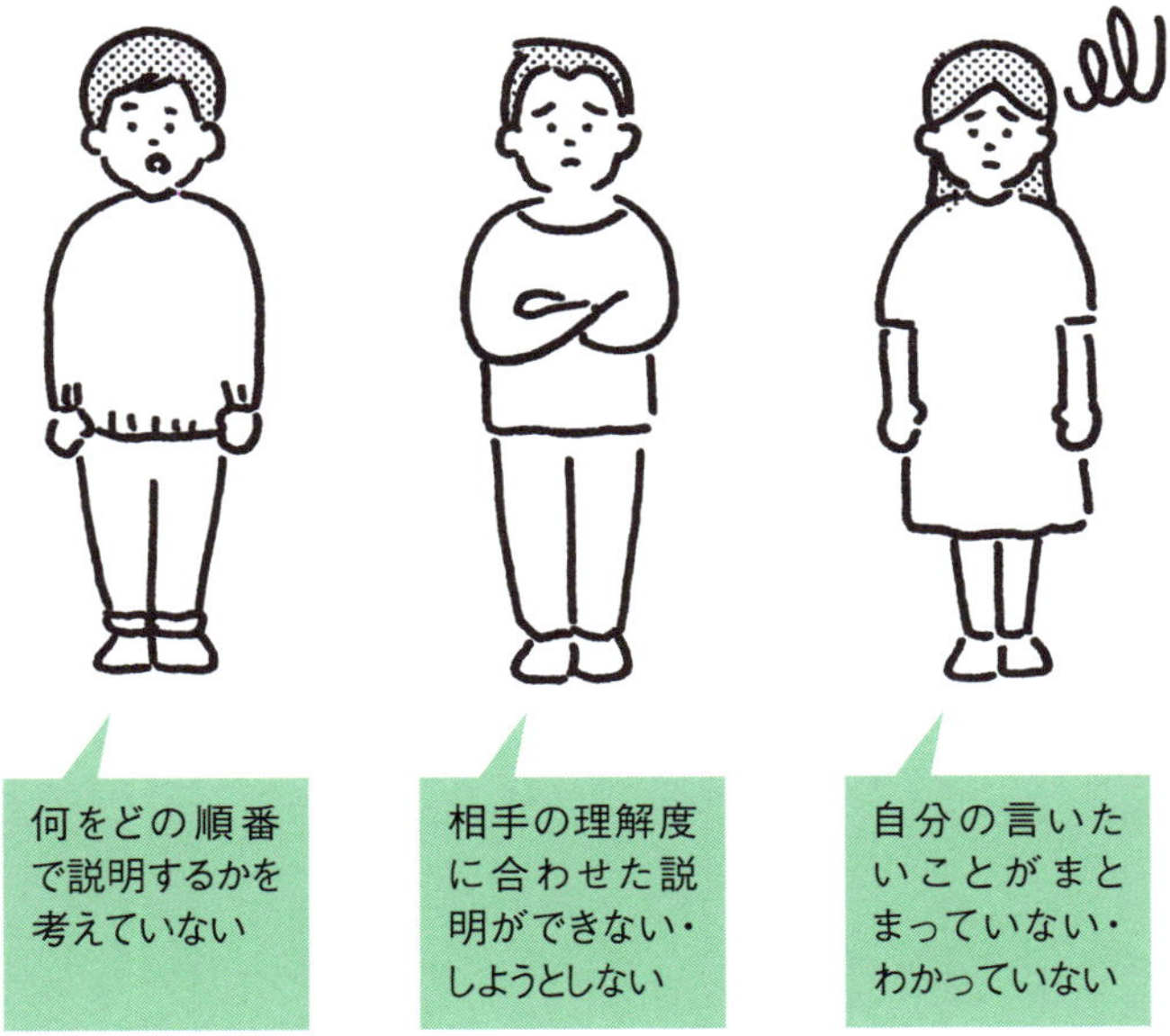
何をどの順番で説明するかを考えていない
相手の理解度に合わせた説明ができない・しようとしない
自分の言いたいことがまとまっていない・わかっていない

この3つをクリアすれば、説明力は上がる

残念な説明の特徴①
考えた順番で説明する

相手の頭を混乱させる説明をしてしまう人は、伝える順番を間違っているケースが非常に多いです。押さえておくべきポイントとしては、

「考えた順番」と「説明する順番」は違う

ということです。

一見当たり前のようですが、自分が考えたとおりの順番で話したり、自分の頭に浮かんだことをそのまま口にしたりしてしまう人が多くいます。説明に適した順番に整理しながら話すことができる人であれば問題ないのですが、多くのそうでない人の場合、思いつくままに話してしまい、相手に伝わらない残念な説明になっています。

まさに独りよがりな説明。

これはコミュニケーションになっていません。

説明する内容が相手に伝わらなければ意味がないにもかかわらず、自分が話したいように話したり、「これだけ頑張って話せば、きっとわかってもらえるだろう」という自分本位の伝え方になったりしているのです。

たとえば、傘を持って出かけることにした、という話を例に考えてみましょう。考えた順番で話すと、こういう流れになります。

「朝、家を出たら、雲ひとつない、とってもいい天気だったんですよー。ああ、いい天気だなー、夏だなーって思いながら歩き始めようとしたところで「あ、そういえば、天気予報で〝雨〟って言ってたな」って思い出したんです。うちの会社、最寄り駅から5分くらいかかるんで、雨だと困るなと。こりゃぁマズいぞ！　ってことで、家に戻って傘を持っていくことに決めたんです。そしたら、この土砂降りですよ。いやー、正解でした！」

この説明は、時系列で自分の行動と、頭の中で考えたことを説明しています。分解すると次のような情報の並びになっています。

- **朝、家を出た**
- **いい天気だった**
- **天気予報を思い出した**
- **オフィスは駅から離れている**
- **家に戻って傘を持っていくことに決めた**
- **結果、土砂降りだったので、持ってきてよかった**

もちろん、友人との雑談であれば、この順番で話してもまったく問題ありません。楽しい会話になることでしょうし、自分が思ったとおりに話しても言いたいことをなんとなく読み取ってくれます。

しかし、ビジネスの場で、こういう話し方をしてしまうと、いい評価は得られないでしょう。

何が言いたいのかまるでわからない説明は、相手も聞いていられないため、「何が言いたいのかよくわからない！」と、話の途中で一喝されてしまうかもしれません。

たとえば、これが仕事に関わる内容だったとしたらどうなるでしょうか？

- **オフィスを出て、顧客先に向かった**
- **先方の課長が、本社に異動になることを思い出した**
- **手土産を買っていくべきかどうか迷った**
- **甘いもの好きのはずなので「課の皆さんで」とお茶菓子を買うことにした**
- **課長は明日から出張とのことで、これが異動前に会う最後のチャンスだった**
- **ご挨拶するいい機会になり、本社異動後の新部署でもお取引の可能性が見えてきた**

もし、この順番で業務日報が書かれていたら、上司や先輩から「夏休みの日記か？」と言われてしまうでしょう。自分が考えた順番や行動した順番は、説明を受ける相手からするとどうでもいい場合が多いのです。

「自分が考えた順番」ではなく「相手が聞きたい順番」を考える

これを見るとわかるように、説明を自分の思考の順番で伝えてしまうと、相手にはうまく伝わらなくなります。

説明上手になるためには、物事を正しい順番で伝えることが大切です。

では、「物事を正しい順番で伝える」というのはどういうことか？

それは、**「自分が考えた順番」ではなく「相手が聞きたい順番」で話す**ことです。

よく「結論から話しなさい」ということが、説明力アップの書籍に書かれていますが、まさにこのケースにピタリと当てはまります。

説明とはコミュニケーションである、ということの本質はここにあります。

自分が伝えやすい順番や考えた順番では相手に伝わらないのは、それが相手の聞きたい順番や理解しやすい順番ではないからです。

傘の話であれば「傘を持ってきて正解だった」。

手土産の話であれば「手土産を買っていって正解だった」、あるいはもう少し踏み込んで「本社の部門との取引の可能性が出てきた」が伝えるべき結論です。

残りの部分は、すべて「なぜ、傘を持っていったのか」「なぜ、手土産を買っていったのか（あるいは、なぜ本社の部門と取引ができそうになったのか）」ということに関する補足説明にすぎません。

もちろん、自分が「どういうふうに考え、行動したのか」を説明することが大事な場合もあります。たとえば、部下や後輩に、自分の行動の理由を説明し、今後、同じように考えて行動してほしいというような場合です。このときは時系列に沿って丁寧に説明したほうがいいでしょう。

説明上手になるために極めて大切なのは、目的に沿って、正しい順番で物事を伝える、ということなのです。

Point

自分の考えた順番、経験した順番で説明しても伝わらない

残念な説明の特徴② 相手の理解度を意識していない

なぜ、専門家の話は伝わりにくいのか

テレビのニュースなどに「専門家」と呼ばれる方が登場することがあります。彼らの説明は、果たしてわかりやすいでしょうか。

もちろん中には、池上彰さんのようにとてもわかりやすく説明する「専門家」もいらっしゃいますが、多くの場合、難解でわかりにくい説明になってしまうことが少なくありません。

説明がわかりやすい人はテレビ局から重宝されるため、そういう人の露出が多いというのもあるでしょう。それを差し引いて考えると、専門家の大半は、説明が伝わりにくい、と考えることもできます。

専門家の説明が、私たちのような素人、つまり「専門外」の人たちに伝わりにくいのはなぜでしょうか。そこには、いくつかの理由が考えられます。

- **専門用語が難解で、理解しづらい**
- **話の前提となる知識が聞き手に不足している**
- **内容の厳密さや正確性に極度にこだわる**

などが代表的なものとして挙げられるでしょう。

一言でいってしまえば、

「相手のレベルに合わせた説明ができていない」

ということです。

専門家の話がわかりにくいのは、**「聞き手がどういうレベルで物事を理解したいの**

か」を見極められていないことが原因なのです。

どういう言葉なら伝わるか、どこまで専門用語を使っていいのかなどは、聞き手が何を知りたいと思っているか、どの程度その話題に関連することを知っているか、でまったく違います。

専門家同士であれば、説明には厳密さが必要という共通認識があります。専門用語に関する理解や前提知識についても、お互いのレベルを認識した状態から会話がスタートしているため、専門的な話が問題なく伝わります。

しかし、そうではない「専門外」の人たちと話すときには、相手がどの程度の前提知識を持っているのか、またどの程度の詳細さで物事を理解したいのかを知っておく必要があります。

相手に関する情報がなかったとしても、少し相手と会話したり、相手の様子をうかがったりして、相手に応じて伝わる言葉や例を用いて話すことが大事になります。

相手の理解しやすいレベルに合わせて、話の内容や伝え方を調整しなければ、「情報をわかりやすく伝える」という説明の目的を果たすことはできません。

たとえば、コンサル業界の人と話しているときには通じる話を、金融業や製造業などのクライアント企業の方々にお話しするとまったく言葉が通じないということがあります。これは共有されている知識や言葉ではないものを使って、説明をすることによって引き起こされます。

ですので、クライアントに説明するときは、いかに相手が理解しやすい言い回しや伝え方をするか、が重要です（反対に、クライアントの話を理解するためには、業界知識を集め、使われる用語を知ることが大切になります）。

同様のことは、日常生活においても頻繁に起こっています。

はじめて車を買いに行ったとき、はじめて海外旅行をするとき、はじめてフランス料理を食べに行ったときなどに、お店の人や係の人の説明が不親切だったり、わかりにくかったりしたことはないでしょうか。

説明が伝わりにくいのは、**説明する人が相手の理解状況をしっかりと推し量れてい**

ないからなのです。

あなたが、誰かに何かを説明するときには、最初に相手の知りたい内容を考えて、それに合わせて、必要な情報を正しい順番で伝えていくことが求められます。

わざと難解にしている人もいる

あえて説明を難解にするケースがあります。一般用語ではない用語を使うことで「なんとなくよさそう」「正しそう」と思わせるために使われることが多いです。誇張した表現や、水増しした表現を使ったりもします。

本来もっとシンプルに伝えられるものでも、あえて一癖ある表現を選択するケースです。

「タウリン1000mg」は代表例といってもいいかもしれません。

栄養ドリンクなどでよく語られる「タウリン1000mg」は、これが十分に多いのかほとんどの人にはよくわからないはずです。そもそもタウリンが何にどのように効くのかもよくわかりませんよね。

パッケージやテレビＣＭなどで、大々的に表示されているので、何か良い効果があるのだろう、とユーザーは受け止めていますが、タウリンがなんであるかをきちんと説明できる人は少ないでしょう。

そもそも「１０００mg」というとすごい量が入っているようですが、表記を変えれば「１g」ですから、それほど多いわけではないようにも感じます。

こういうときに、おそらく専門家は、

「タウリンを継続的にマウスに投与した結果、体重１gあたり、○mgの投与をした場合と、まったく投与しない場合で、××という違いが出た」

「マウスと人間の体重差を考えた場合、１週間以上、毎日タウリンを○○mg以上、摂取することで××の効果が得られると考えられます」

というふうに説明することになります。

この話は「タウリン」という「耳慣れないけれど、ＣＭなどで聞いたことがあるのでなんとなく体にいいという印象のある言葉」に関する話題ですので、専門性などを無視して「わかった感じ」になり、「買ってみよう」と思ってもらえれば十分です。
この栄養ドリンクの例に関しては、それらしく聞こえるというだけで、十分に説明の目的を果たしているといえるでしょう。むしろ、専門家の詳細な説明が入ると、かえって伝わりにくくなる恐れがあるかもしれません。

しかし、自分が誰かに何かを説明しようとする場合には、相手の状態に合わせて、「わかったつもり」で終わらせないように、伝え方を調整することが重要です。

Point

説明する言葉や内容は、相手に合わせる意識を持つ

残念な説明の特徴③ 言いたいことがわかっていない

残念な説明に終始してしまう人は、「自分が何を言いたいか、どのようにしたら伝わるかを整理できていない」というケースがほとんどです。

この場合も2つのことが考えられます。

- **自分の言いたいことがわかっていない**
- **言いたいことはあるけれど、説明する情報が足りていない**

まず、自分が言いたいことがわかっていない場合を見てみましょう。

簡単にいえば、「自分の頭の中」を整理できていないわけです。

プレゼンや状況を説明するケースにおいて、何をどの順番で言うか意識していない

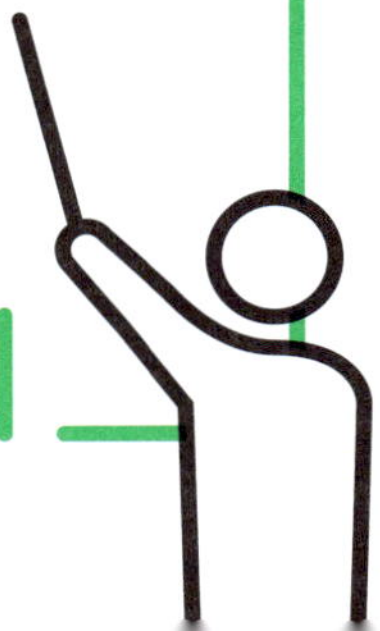

人は、思いついた順番や自分の記憶にある順番をそのまま口に出してしまうので、相手に伝わりにくい説明になってしまいます。

説明がうまくなるためには、相手に何を伝えるべきかを明確にすることが大切です。**そして、自分の頭（伝える情報）を整理して、相手の頭（受け取る側の情報）が整理できるように説明していくことです。**

優秀な戦略コンサルタントや営業マンは、相手の頭が混乱しないように、うまく相手を誘導するような「キレイな筋道」を立てて、説明していきます。

だからこそ、商品やサービスの良さをスムーズに理解してもらったり、スピーディーに意思決定をしてもらえたりするのです。

説明が上手な人は、最初に自分の頭の中を整理してから説明を始めます。**自分の頭の中が整理されていなければ、相手の頭を整理するように説明することはできないからです。**

したがって、まずは自分が何を言いたいのかを整理することから始めましょう。

ここで大切なのが「思考をまとめる」ということです。

冒頭で述べた「考えた順番、行動した順番で説明してしまう」という失敗も、この「思考をまとめる」というステップを踏むことで、解消することができます。

思考をまとめようとしないままで話し始めてしまうと、なんとなく思いついた順番や、頭に浮かんだ順番で話すことになります。

その結果、「実際に経験した順番で説明する」ということになってしまいます。

話し始める前に、自分が伝えたい内容を、全部吐き出してみましょう。

できれば、紙に書くといいです。

紙に書く際には、順番を気にする必要はありません。思いついた順番、頭に浮かんだ順番、実際に経験した順番で書き出していきましょう。

伝えようと思っていたことを、すべて書き出すことができれば、それを眺めながら、

- **相手に伝えたいことは何か**
- **その内容を伝えることは、相手にとって意味があるか**

・難しすぎたり、易しすぎたりしないか
・その説明の順番で、しっかり情報が届けられるか

などを考えることができます。

これらを考えるということが、まさに「思考をまとめる」ということです。ちなみに、これらは、先にご紹介した「説明上手になるためのテクニック」とまったく同じですね。

自分が言いたいことを、言いたいように言うのではなく、しっかりと考えをまとめて、伝えたい内容を整理するように心がけるだけで、説明力は大きく向上します。

考えをまとめることは訓練です。慣れてくると、自然と、しかも瞬時にできるようになります。

Point

何が言いたいか自分でまとめてから説明する

「なんとなく説明する」から「筋道を立てて説明する」へ

ここまで見てきたとおり、残念な説明になってしまう人には共通点があります。

それが、「なんとなく説明したつもりになっている」ということです。

説明は、仕事やプライベートを問わず、さまざまなシーンで行われている「当たり前」のことです。そのため、あまり深く考えずに説明する人が多いのです。

問題は、難しい概念や事象を説明するときにも、普段どおり、感覚的に行う人が多いことです。その結果は、先に挙げた残念な説明に終始することになります。

では、どうするか。その「3つの残念な説明」をひっくり返せばいいのです。それだけで、伝わる説明ができるようになります。

・何をどの順番で説明するのか意識する

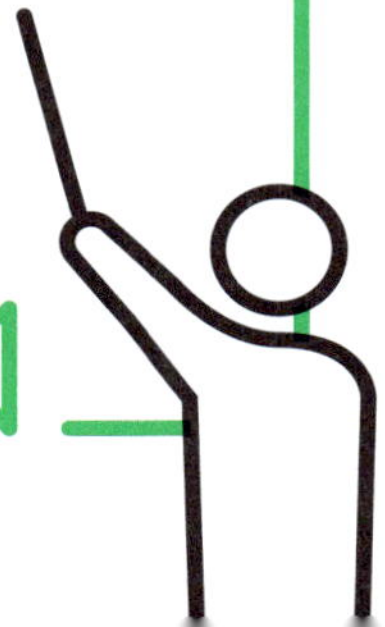

・**説明する相手の理解レベルを意識する**
・**何を言いたいのか決めてから話す**

深く考えずに言葉を選び、適当に説明する人は、気づかない間に損をしています。

本書でご紹介するのは説明上手が当たり前にやっていることです。わかりやすい説明ができるようになるだけで、いろいろな物事がスムーズにいくようになります。

極論を言ってしまえば、物が売れないのも、社内や社外で影響力が出ないのも、恋人や子ども、家族とうまくコミュニケーションができないのも、あなたの言葉や説明がわかりにくいからです。

人は思っている以上にわかりにくいものが嫌いです。どれだけ大事な話をしていても、どれだけいい商品があることをうたっても、わかりにくい、難しいだけで、話を聞いてくれなくなります。文章でも難しそうに感じるだけで、読んでもくれません。

テレビでもこれまでさんざん政治や経済のことを語られてもわからなかった人が、池上彰さんのような人がわかりやすく説明するだけで、多くの人が「ハッ」とさせられるのです。

説明がうまい人、下手な人

「言いたいことをなんとなく
伝える」だと、
相手に伝わりにくい……

**説明上手は、相手の頭を整理しながら
うまく伝えられる**

もちろん、「何を言うか」は大事ですが、「それがわかりやすく伝えられるか」が何より大切になります。そして、わかりやすく伝えるためには、伝わりやすい順番で話しましょう。そうすることで相手の頭のボトルネックを押し広げたり、思考に筋道を立ててあげたりすることができます。

次章では、伝わりやすい説明の順番、その基本をご紹介していきます。

説明は、説明する物事やシーンによって、さまざまなパターンがあり、絶対的な正解はありません。ただ、それらを説明するための基本となる型があるのです。

基本となる型を知っておけば、それにしたがって説明するだけなので、自分の思考も相手の思考も整理しながら話しやすくなります。

まずはこの基本の型から学んでいきましょう。

Point

「何を言うか」と同じくらい「どの順番で言うか」が大事

第2章

わかりやすい説明の順番

相手の思考を意識する

先にも述べましたが、**説明とは「コミュニケーション」**です。
常に相手が存在するものですから、決して独りよがりな説明では成立しません。

学校の先生が生徒に、数学の考え方を説明する。
先輩営業マンが新人に営業のやり方を説明する。
プレゼンテーションでクライアントや社内に説明をする。

こういうと、一方通行で何かを話しているところを想像するかもしれませんが、説明上手な人ほど、相手とうまくコミュニケーションをとりながら説明を進めていきます。ここでいうコミュニケーションとは、何も言葉を交わしたり、質問のやりとりを

したりするだけに限りません。

相手の考えていることを意識しながらやりとりするということです。話しながら、

（この表現だと、わかってもらえないかもしれないな）

（この人の場合、別の例で伝えたほうがいいだろうな）

というふうに、相手の思考が説明についてきているか、話が細かすぎて飽きていないか……などを観察し、想像しながら話していくのです。言葉のないコミュニケーションですが、相手の思考を意識しながら説明することが大事になります。

もう少し具体的に言えば、

「常に相手の立場や理解度を意識しながら話す」

ということです。

相手がどういう主張をしている（もしくは主張を持っている）か、あるいは、どういう

感情を抱いているか、などを察知して柔軟に説明方法を変化させていきましょう。

しかしながら、どれだけ柔軟に変化しようとも、最初に決めた「伝えるべき内容」がブレることのないよう、細心の注意を払ってください。

説明の目的、つまり、相手にしっかりと情報を伝え、理解してもらうことを忘れてはいけません。

Point

説明上手な人ほど、相手の思考を意識しながら説明する

わかりやすい「説明の順番」の基本

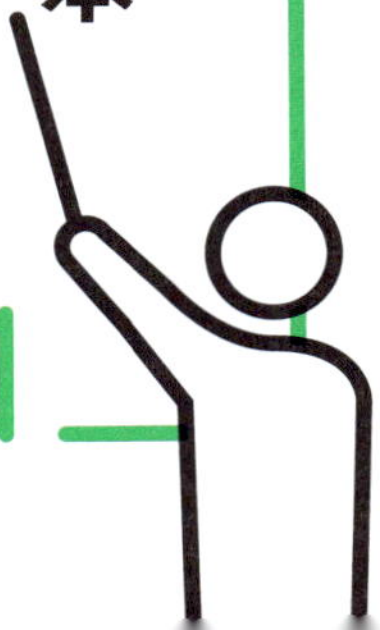

相手の思考を整理できるように、説明する順番を意識する。

これは、具体的にはどうすればいいでしょうか。

「どうすれば相手の思考が整理できるのか」なんて、これまで考えたこともないかもしれません。でも、何も難しいことはありません。正しい説明の順番となるための基本を押さえておけばよいのです。

説明の順番を解説する前に、押さえておくべきポイントがあります。それは、説明には2種類の説明がある、ということです。

ひとつは、**自分主導の説明**。

もうひとつは、**相手主導の説明**です。

説明と一口に言っても、さまざまなシチュエーションがありますが、大きくこの2つに分類できるでしょう。

「自分主導の説明」とは、自分の主張や何かしらの結論がある場合に行う能動的な説明のことです。自分から何かの事柄について相手に説明する場合や、仕事の上での商品説明やプレゼンテーションもこれにあたります。言い換えれば**「ゼロから組み立てる説明」**です。

「相手主導の説明」とは、「何か相手から説明を求められる質問をされた」という類の受動的な説明のことです。わかりやすくいえば、**「問いに答える説明」**です。

「この商品が売れなかった原因はなんだ？」

「納期が遅れてしまったのはどうしてですか？」

「夕焼けはどうして赤いのですか？」

こういった質問に対して答える場合では、必要な情報や説明の構造は自分主導の説明とは違うものになります。主張や結論がなく、聞かれたことを単純に説明するだけということも多いでしょう。だからといって、相手主導の説明でも押さえるべきポイントがないわけではありません。これにも型が存在するのです。

まずは自分主導の説明から解説していきます。基本となる順番は次のとおりです。

①前提をそろえる
②結論・主張・本質
③根拠・理由・事実
④補足情報
⑤結論・相手に促したいアクション

これが自分主導の説明における基本的な説明の順番になります。

次項から、その流れを簡単に説明していきますね。

Point

説明には自分主導と相手主導の2パターンがある

説明の２つのパターン

1：自分主導の説明

自分に主張や結論があり、それを伝えるパターン。
ゼロから組み立てる能動的な説明

2：相手主導の説明

相手の質問に答えるパターン。
自分に主張や結論はなく、
相手の問いに対して事実を答える受動的な説明

どちらであっても
「説明の順番」の型がある

説明の順番その①
前提をそろえる

「結論から話す」よりも先にやるべきこと

伝え方や話し方、プレゼンテーションのやり方などでよく言われるものに、

「結論から話しなさい」

というものがあります。説明するというシーンにおいても結論は重要です。
本書で取り扱う「説明」は、雑談や会話における日常的な説明から、ビジネスの商品説明、セールスの説明など、非常に多様なのですが、特にビジネスシーンにおける

「説明」では結論から話していくというのは非常に大事なことです。

しかし、わかりやすい説明をするために、結論を述べるよりも先に、一番はじめにやるべきことは「前提をそろえる」ことです。

前提とは何かというと、

これから話す内容について、相手がどの程度のレベルの知識を持っているか

ということです。

たとえば常日頃、顔を突き合わせている会社の同僚や上司に、日常的な業務の説明や話をする上では、なんの話をどのくらいのレベルでするか、ということは考える必要がありません。お互いに「このくらい」という感覚が共有されているからです。

しかし、十数年ぶりに会った友人に、

「今やっている仕事ってどういうことをやっているの？」

と聞かれた場合には、共有できている情報が少ないため、同僚や上司に話すように説明してもうまく伝わらない、ということになります。

まずは、「前提」を相手と共有する必要があるのです。

前提となる情報をそろえる方法

相手の知らないことを伝えるときや、過去に話したことはあるけれどその内容を覚えていなさそうな場合は、結論や主張よりも前に、前提情報の共有を行いましょう。

たとえば、自分の顧客に関する話を新任の上司に伝えるときや、非常に多忙な上司に1カ月ぶりに作業の進捗状況を報告する、というようなときには、過去の経緯や取引履歴を簡単に話して、相手と自分の知識レベルをそろえておくべきです。

そのほかにも、報告する数字の定義（前年比なのか前月比なのかなど）、表やグラフの見方（項目の配置、色の意味など）、周辺情報（業界動向、競合状況など）等の、知っておかないと話がかみ合わない情報は、最初に説明しておく必要があります。

なお、相手が「知っているかもしれない」情報については、くどくならないように注意しながら言及することができると、説明が非常にわかりやすくなります。

相手の理解度と説明のレベルをそろえる

頭のいい人は、難しい言い回しや表現でも理解してくれます。

また、同じ業界の人であれば、頭の良し悪しに関係なく、その業界の専門用語を使ってもスムーズに話が通じます。

しかし、ほかの業界の人や、はじめて打ち合わせに参加する人などに、何かを説明する場合、言葉の難易度や専門性をそろえて話す必要があります。

大学教授や専門家の説明が一般にはわかりにくいのは、相手の理解度に合わせた説明ができていないからです。

どれだけ頭がいい人であっても、説明のレベルを相手に合わせていないと、いくら詳細に話しても、内容が理解されづらいという状況になってしまいます。

ですから、まずはレベルを合わせましょう。

とはいっても、具体的にはどうすればいいのか？

私が専門外の方に向けた説明でお勧めするレベル感が、

「小・中学生に説明するぐらいのつもりで話す」

というものです。

もちろん相手を小学生や中学生のレベルだと考えて扱え、というような失礼な話ではありません。あくまでも、相手が理解していない分野についてわかりやすく伝える上でのレベル設定の話です。

ですから、「口調を子ども向けにしましょう」などということではありません。上司やクライアントに中学生に話すように伝えたら無礼ですし、きっと怒られます。

当たり前ですが、説明するという状況においては、ほとんどの場合、相手が知らないことや理解していないことをテーマとして取り上げます。

そのテーマを、相手にわかるように伝えることが目的です。

そのために、「相手がわかっていない」という前提に立って言葉を選び、何をどの順番で伝えるかを考えることが大切になります。

この際、もっともわかりやすく伝える説明のレベルが「小・中学生に伝える」です。

これはわかりやすい文章の書き方でもよく言われます。

あなたも文章を書くときに「専門用語を使わず、小学生や中学生が読んでもわかるように書きなさい」と教えられたことがあるかもしれません。

どれだけ年の離れた上司であっても、知らない分野のことについては、年齢や頭の良さに関係なく、小学生や中学生と同じように「わからない」ことなのです。

その前提に立って説明すると、伝わりやすくなります。

ですから、基本的な概念から説明する必要があり、それをわかりやすくするために具体例やたとえ話、比喩を使う必要があるのです。

話の範囲をそろえる

それに加えて、「話の範囲」をそろえることも大切です。

すべての説明のケースで必要なわけではありませんが、相手の期待する内容のすべてをカバーできない場合には、「説明の範囲」を決めましょう。

戦略コンサル業界では、説明の範囲のことを「スコープ」と言ったりします。

説明する時間は、多くの場合限られています。社内会議でも自分の話だけで1時間も時間をとることはできませんよね。また、あらゆる内容を事細かに伝えすぎると、逆に相手を混乱させてしまうようなケースもあるでしょう。

ですので、限られた時間の中で、最適な情報量で伝えるためには、その説明の範囲を決めることが大切です。

たとえば、

「あなたが知りたい内容のうち、今日はこの部分だけをお話しします」

とあらかじめ話すことで、相手の期待値を調整することができます。

この方法は、打ち合わせまでに情報の準備が追いつかない、という場合だけでなく、

- **打ち合わせの時間が短すぎて、とてもすべては説明しきれない**
- **取り扱う情報が多すぎるので、絞って説明したい**
- **目の前で対応せねばならない課題だけに時間を使いたい**

というような場合にも有用です。

スコープを決めることで、お互いその範囲だけに集中できるようになりますし、会議や打ち合わせにおいても、話があちこちに発散しにくくなります。

このように、前提、レベル、範囲を先にそろえましょう。これらの内容を話の冒頭で相手に明確に言葉で伝えることにより、相手の理解がスムーズになります。

Point

結論を話す前に、前提・レベル・範囲をそろえる

「前提をそろえる」とは？

1：前提となる情報の共有ができているか
2：相手がどのくらいの知識レベルか
3：今回はどこまで話すか、伝えるか

相手の理解度や知識の状況を考えずに、
いきなり結論から話し始めてしまうと、相手はついてこれなくなる。
何について、どのくらいのレベルで、どこまで話すか、
などを考えることが大切。

結論よりも先に「前提をそろえる」

説明の順番その②
結論・主張・本質

次に、結論・主張・本質です。

結論というのは、あなたが伝えたいこと、説明したいことをまず一言で伝えることです。

話の前提がそろっている場合は、ここからスタートします。説明するべき結論や自分の主張をズバリ伝えましょう。ただしこのやり方は、これから説明しようとする内容について、相手がおおまかに全体像を把握している場合に限られます。

「X社への提案は、失敗に終わりました」

という場合には、X社に対してどういう提案をしていたのかという経緯を、理解していない人には伝わりにくいでしょう。あるいは、

「新商品には、機能Zが搭載されました」

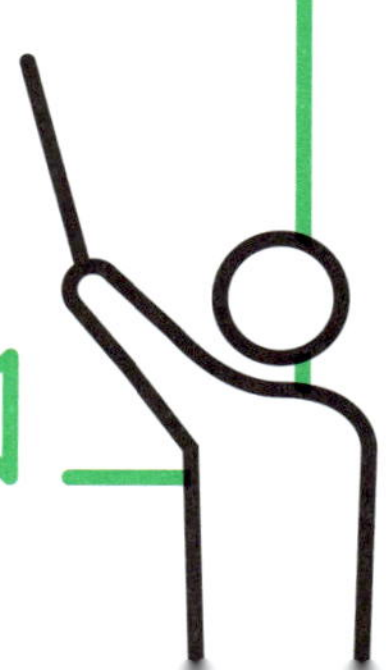

という場合には、相手が旧商品の機能の概要を理解していることに加え、追加された機能Zが、当該商品にとって「価値がある」と認識している必要があります。
そうでない場合は、前提知識をきちんと共有してから、「結論」を述べる、という順番になっていきます。

聞き手に期待する行動を伝える

説明を受けた聞き手がなんらかのアクションを行う必要がある場合は、先に「期待する行動」を伝えておくと物事がスムーズに運びます。

「この提案を、本日、この場で承認していただきたい」
「改善すべき点を、アドバイスしてほしい」
「資料作りを手伝ってほしい（ので、プロジェクトの内容を理解してほしい）」

というような要望をあらかじめ伝えることで、相手がどういう意識で話を聞けばよいのかがわかります。

これを怠ると、最後まで聞き終わって、ようやく自分に求められた役割を理解した相手から、「もう一回、説明して」と言われることになります。

同じ説明を繰り返すのは、非常に効率が悪いので、ぜひ最初に「相手への期待」を伝えておきましょう。

本質とは何か？

「結論や主張はわかったけれど、『本質』って何？」と思われたかもしれません。

これは「その事象をうまく表した一言」のことです。

本質というと難しく考えてしまうかも知れませんが、言い換えればあなたの考える「解釈」です。枕詞で書くとイメージしやすいですが、

「要するに〇〇」
「つまり〇〇」

「一言で言うと○○」

「端的に言えば○○」

「シンプルに言えば○○」

「すなわち○○」


というように、一言に要約した言葉で表すことです。何かを主張するわけではなく、事実だけを伝える場合には、このパターンで説明していくことが多いでしょう。

たとえば、自分が飲んでいるサプリについて説明しようと思ったときに、「このサプリは、肝機能を改善する」などと端的に表現しますよね。ほかにも、

「日本経済の問題点って、要するに○○なんですよ」

「お金の役割ってシンプルに言うと○○だと思うんですよ」

「私たちの会社の存在意義って、一言でいえば○○のはずです」

といったような話し方で、本質を伝える場面が多いでしょう。

「私はこう考えている」ということをまず伝えて、それを説明していく流れになります。

後述する相手主導の説明においても、この本質（もしくは自分の解釈）を一言で伝えてから、そう考えた理由を説明していくと、わかりやすく伝わるはずです。

大事なのは、結論・主張・本質は一言で言えるはずだということ。それを詳しく説明したり、補足したりする部分はむしろ長くてもいいのです。

Point

結論は短く、その説明は長くてもかまわない

説明の順番その③ 根拠・理由・事実

前提をそろえて、結論や主張をまず伝える。
それができたら、次にその根拠や理由、事実を伝えます。
根拠や理由を伝えるときのポイントは次の3つです。

- **これから理由を伝えることを示す**
- **理由をできれば3つに絞る**
- **理由や根拠は客観的事実で構築する**

根拠・理由は3つにするのが基本

まず、自分の主張や結論がある場合です。

これから理由を伝えますよ、ということをしっかり伝えることです。

たとえば次のような具合です。

「今回の企画開発についてお話しさせていただきます。
この企画を実行することで、今季の売上げ目標を達成できます。その理由は3つあります。それは――」

というふうに、主張や結論で伝えたことの根拠を説明していくのです。

このときのポイントは、根拠や理由は、できれば3つにすることです。

自分の主張や結論に対して、根拠が1つだけでは結論に対する理由として弱すぎるということが多々あります。逆に3つを超えると、説明が長くなりすぎて、聞いてもらいにくくなりがちです。3つくらいにまとめておくのが無難でしょう。

3というのはわかりやすく覚えておきやすい数です。戦略コンサルの世界でも、3つにまとめて説明することが多いです。

「ホップ・ステップ・ジャンプ」や「守破離」といった言葉も3ですね。これらも、3が人の思考に無理なく入ってくる数字だからでしょう。

前提をそろえ、結論・主張を伝えたあとに、それを支える3つの根拠を伝えると、かなりわかりやすくなります。逆にいえば、これ以外は補足情報にすぎません。

結論や主張がない説明をする場合、順番その②でも述べた「本質」を伝えることになります。商品の機能説明や新商品の開発計画の説明、「お金とは何か？」「TPPとは何か？」「戦略とは何か？」などなんでもかまいませんが、何かしらの事柄の解説をするといったケースです。

こういう場合、自分なりに要約した解釈を伝えるわけですが、その解釈になぜいたったのかを説明するときは「客観的事実で述べる」ことを意識してください。

結論・主張・本質は多くの場合、あくまでも主観です。

それを下支えするのは客観的事実でなくてはいけません。根拠や理由が主観的なものになってしまうと、あなたの説明は説得力が得られなくなります。

もちろん、説得する場面でなくても同様で、主観に基づいた説明だけでは、相手からは「うーん、そうかなあ?」という反応や反論が返ってくるでしょう。

結論・主張・本質（解釈）は、客観的事実に基づいて組み立てられていなければ、ロジックが成立せず、腑に落ちない説明になってしまうはずです。

では、客観的な事実とはどういったものでしょうか。

一番わかりやすいのは数字、データの類いです。

何を説明するかにもよりますが、仕事に関するものであれば、自社の売上げデータ、市場シェアの調査結果などが代表でしょう。

労働人口が減っているというような話題であれば、総務省統計局の「労働力調査」や厚生労働省が公開している労働力人口の推移などの公的機関の統計データを押さえておく必要があります。

また独立行政法人やシンクタンクなどの研究機関による調査なども有用です。大手メディアが報道に使うような調査データであるとなおいいでしょう。

「誰かが言っていた」「2（5）ちゃんねるで見た」では客観的な事実になりません。客観性や科学的に信用できるデータや公表されている事実をベースに話していかないと、悪意のある議論誘導だと言われても反論できなくなってしまいます。

もちろん、すべてを客観データで調べ尽くすのには労力がかかりますが、重要な内容であればあるほど、極力、一次情報にあたっていく必要があります。

あなたの結論や主張、ロジックを強くするのは、どれだけ事実を調べられるかにかかっているといっても過言ではないのです。

Point

根拠や理由、本質は客観的事実で構築する

説明の順番その④
補足情報

前提をそろえ、結論、根拠という順番で伝えたら、残りは補足情報となります。経緯や根拠にいたった背景、そのほか伝えなくても大きな問題がない話などがこれにあたります。

たとえば、先の傘の例を使うのであれば、

「傘を持っていくことにした。理由は雨が降る可能性があったから」

ここまでが結論と根拠です。補足情報としては、次のようなものがあります。

「天気予報を朝見たことを思い出した」

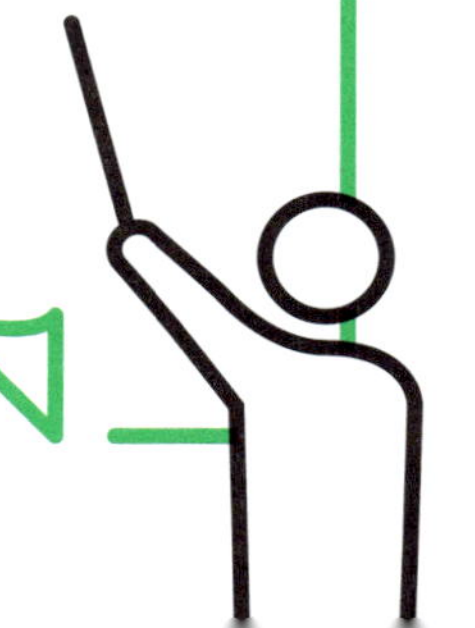

「雨が降るとカバンの中にある資料が濡れてしまう可能性があると感じた」

「髪やスーツが濡れて、ビシャビシャになると、訪問先に行くときに格好悪い」

「職場のまわりにコンビニエンスストアもないため、途中で傘を買うのが難しい」


これらは、「根拠の根拠」や「根拠を補足する背景」とも言えるかもしれません。

ただし、**根拠や理由は多すぎても意味がない**のです。

誰かを説得したり、プレゼンを通したりする目的があるときは、根拠や理由、そしてその背景まで伝える必要があります。しかし、日常的な話をする際には、これらすべてを説明するととても冗長になりますし、そもそも深い根拠など求められていないときは省いたほうがいいでしょう。

実際、傘を持っていった理由を長々説明されても、聞くほうもツライですからね。

相手の興味と合えば、補足情報の価値は変わる

今回例として挙げたのは「傘を持っていった」という話でしたが、こういう「どっ

ちでもいいよ」という話の理由や根拠を延々と話してしまうことがあります。

これは補足情報を話しすぎているんですね。

もちろん、状況によっては、補足情報こそが面白いケースもあります。日常の雑談などにおいては、補足的な情報が重要だったりもするのです。

たとえば、第1章の例で出したタウリンの説明をするとしましょう。

タウリンがどういうものか、という説明をするとしたとき、結論も主張も本来ないわけで、その話全体が補足情報のようなものになります。

仮に一言で言い表した場合、「栄養ドリンクなどに含まれているアミノ酸の一種」ということになります。これだけ言われても、全然面白くありません。


「タウリンは体内にもともと存在しているもので、脳や目や心臓、肝臓などいろんな臓器に入っていて、細胞を正常に保つ恒常性維持機能を担っているんだよ」

「タウリンって牛の胆汁を調べて発見されたから、もともとの言葉の由来はギリシャ語で雄の牛っていう意味だよ」

「イカとかタコとかに多く含まれているから、栄養ドリンクから必ずしも摂らなくていいんだよ。ちなみに、スルメについている白い粉っぽいのが、実はタウリンなんだよ」

「海外ではレッドブルみたいなエナジードリンクにタウリンが入っているけど、日本では薬事法の問題で入ってないんだ」


みたいな豆知識として説明をすると、興味を持って聞いてもらえたりするのです。

また、今の情報は主張のない単なるモノの説明ということでしたが、「タウリンは実は動植物から摂れるから、栄養ドリンクは不要」という主張の説明にすると、今挙げた補足情報は、その主張の根拠になります。

つまり、説明するテーマや目的が変われば、補足情報の価値や、位置づけも変わってくるのです。

Point

補足情報は、主張や説明のテーマの設定で価値が変わる

説明の順番その⑤
結論・相手に促したいアクション

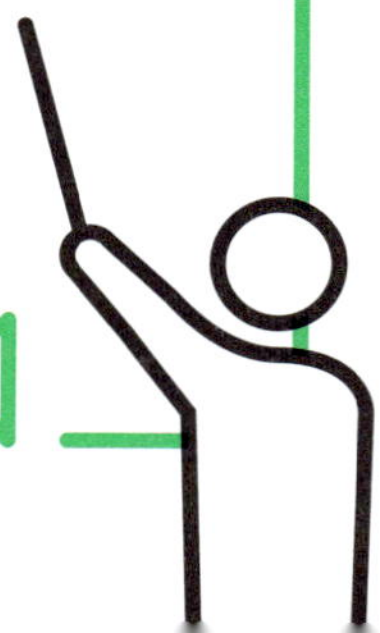

最後にもう一度、結論や主張を伝えます。

説明の冒頭で、すでに結論や主張を伝えているので、不要だと考える人もいるかもしれません。しかし、結論以降の根拠や補足情報の説明が長くなればなるほど、聞いている側は話の出口を見失いがちです。

たとえば、10分も20分も話していると、

「結局、どういうことだったの？」

「それで言いたいことってなんだっけ？」

となってしまう恐れがあります。最後にもう一度結論、あるいは自分の主張を伝えましょう。

「〜なので、この新商品は多くのユーザーを獲得できるのです」
「ここまで述べてきた理由から、今回の新規事業に参入する必要があります」

という具合に、最初の主張に帰結することで、自分の伝えたかった説明が完結します。

その結論から導かれる相手に求めるアクション（購入の決断、決裁判断など）がある場合も、最後に改めて伝えましょう。

Point

最後にまとめる言葉で、相手の理解や印象が変わる

相手主導の説明のコツ

では、相手から質問を受けて、説明するケースを見ていきましょう。

自分主導で説明する先のケースと違い、相手から質問を受けて説明をする場合、前提をそろえる必要も、伝えるべき結論や主張がないときもあります。

たとえば、「お金って何?」「経済学ってどういうものなの?」「戦略コンサルタントってどういう仕事をするの?」という質問を受けた場合、正しく伝わる順番を自分の頭の中で構築する必要があります。

急な質問に対して、とっさに答えなければいけないので、順番の構築などが難しいことも多くなります。

ですので、あまり難しく考えずに、次の3つのことを押さえておきましょう。

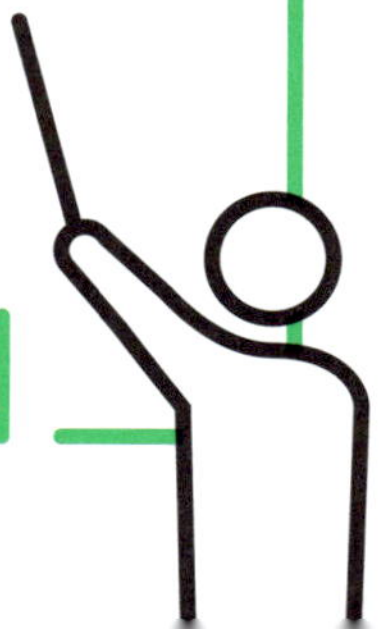

・大きいポイント（幹）から小さいポイント（枝葉）の順番で説明する
・相手が知りたいのはあなたの解釈か事実かを見極め、相手が聞きたいほうから話す
・事実を話す際には、客観的なものを選択する

まず大事なのは、大きいポイント（全体）から小さいポイント（個別）という流れで説明をしていくことです。これを意識すると、相手に伝わりやすくなります。

たとえば、会社全体の営業成績を説明してから、個別の部署の成績を説明すると、話の全体構造がわかるので、相手の頭の中も整理されやすくなります。

これを、全体を説明する前に、個別のことをバラバラと説明されても、まどろっこしくて、相手は混乱してしまうでしょう。

また、相手から説明を求められた際に大事なのは、事実と意見の組み合わせ方です。ここでも大事なのは、「相手が求めているのは何か？」ということ。

相手が求めているのが、あなたの意見であれば、自分の意見から話し、そのあとでそう思った意見を下支えする理由を述べましょう。

このときの理由は、**事実であることが大事**です。

理由が憶測であったり、願望であったりすると、意見も理由も説得力を持ちません。

たとえば、上司から「今期の売上げは達成できそうか」という質問をされて、「たぶん大丈夫です。去年もなんとかなりましたから」みたいな回答をすると、間違いなく上司から怒られます。

基本的には「私はこう思います」という意見のあとに、客観的な事実を加えて話すことを心がけましょう。

一方、**相手が求めているのがあなたの意見ではない場合、事実から話し、最後に自分の意見や解釈をつけ加える**というのもいいでしょう。

このように、自分主導の説明であっても、相手主導の説明であっても、相手が何を聞きたがっているか、から入ることが重要なのです。

Point

大きいポイントから小さいポイントで話すと伝わりやすい

長くてもしっかり伝わる説明の条件

短くて伝わらない説明よりは、長いけれどしっかりと伝わる説明のほうが、何十倍、何百倍もマシです。

ここでは、話の長さをいったん度外視し、それ以外に気をつけるべき3つのことを解説します。

1：優先順位をつけて、捨てる
2：本編と補足情報に二分し、本編以外は後ろに回す
3：不要な情報とわかれば、途中で省く

これらをひとつずつ見ていきましょう。

1：優先順位をつけて、捨てる

「40秒で支度しな！」

これはアニメ『天空の城ラピュタ』に登場する有名なセリフです。

空中海賊の首領・ドーラに捕まっていた主人公・パズーが、ムスカに捕まったヒロイン・シータを助けるために一緒に連れて行ってほしいと懇願したときにドーラから言われるセリフです。

パズーは、おそらく、瞬時にいろんなことに優先順位をつけたはずです。

物語の最初のあたりで、シータと一緒に逃げたときには、用意していた朝食をカバンにつめ込むことを優先事項に入れたパズーですが、海賊と共にシータを救出に行く際には、食べ物を持って行くことの優先度は極めて低くなります。

こういう〝絞り込み〟の技術を身につけないと、ドーラが連れて行ってくれません。それでは、シータを助け出すことができなくなってしまいます。

説明における、優先順位の最上位は「相手が知りたいこと」です。

その次は、「自分が伝えたいことと、相手が知りたいこととのギャップを埋める情報」ですね。

そして、その次に「(相手が知りたいことに関連した)自分が伝えたいこと」が位置づけられます。

「相手が知りたいこと」に関係しない情報、特に伝える必要がない情報は、容赦なく切り捨ててしまいましょう。

2：本編と補足情報に二分し、本編以外は後ろに回す

優先順位をつけたら、大事なことから話す、ということに気をつけましょう。

項目ごとの優先順位は、すでにご説明したように「相手の思考に合わせる」ということを意識すべきですが、**大きく「本編」と「補足情報」に分けて、補足は後ろに回す、**を徹底してください。

説明しようとすると、あれもこれも言いたくなるものです。

しかし、聞き手にとっては情報が少ないほうが、理解しやすいことを忘れてはいけません。本編は、できる限りシンプルに、余計な情報を削ぎ落として、わき道にそれない一本道のストーリーを作りましょう。

たとえば、「所属部門の業績を報告する」という場であれば、

「前年と比較してどうか」

「計画と比較してどうか」

「増減の理由は何か」

「改善策は何か」

というあたりが、本編に相当します。

ここで「他部門はどうか」、「競合他社はどうか」、あるいは、「ここ数年のトレンドはどうなっているか」といった情報を伝えたい、と思った場合には、一度**立ち止まって「本当に、それは本編に必要な情報か」と、自分に問いましょう。**

多くの場合、それらは、補足情報もしくは、参考情報として、後ろに回されるべき情報です。

なお、補足情報は「説明したほうが、細かい部分まで正確に伝わるが、それを途中にはさむと、説明の流れが滞るリスクがあるもの」です。分析の途中計算や、売上げを細かなセグメントに分類した詳細情報などが該当します。

参考情報は、「なくても話は通るが、知っておいてもらったほうが全体の理解が進むもの」です。

先ほどの例であれば、他部門や、競合他社、業界のトレンドなどは、物事の背景を理解するのに役立つ情報、すなわち参考情報だといっていいでしょう。

しかしながら、補足か参考かにこだわる必要はありません。

大切なのは、本編に入れるか、入れないかです。本編に入れる必要がなければ、すべて後ろに回してしまいましょう。

3：不要な情報とわかれば、途中で省く

何かを説明するときに、可能な限り伝える情報を絞り込み、ストーリーをシンプルにしても、「要否を判断しかねる情報」が含まれることもあります。

たとえば、「前提情報」の取り扱いはケースバイケースになります。

先ほど、まずは前提をそろえる、というお話をしました。

前提情報は、「相手が知らない可能性があること」や、「相手が覚えていない可能性があること」を、しっかり伝えることで、スタート地点をそろえる役割を担っています。

逆をいえば、**相手が知っていたら飛ばしてしまってよい情報**にほかなりません。

ですので、しっかり説明できるように準備はするものの、もし相手が知っていたり、覚えていたりした場合には、スキップできるようにしておくと、時間の無駄を省け、より説明が伝わりやすくなります。

あらかじめ、前提情報をひとまとまりの情報のカタマリとして用意しておき、

「前回のお打ち合わせで合意したとおり……」

「すでにメールでお送りさせていただいたのですが……」

「○○様から事前にご説明があったかと思うのですが……」

というような枕詞を使って、相手が知っているかどうかを推し量りながら進めるといいでしょう。

「ああ、読みましたよ」
「はい。聞いていますので、大丈夫ですよ」

などの回答を得られれば、その前提情報はスキップしてしまってかまいません。

前提情報のほかにも、たとえば営業トークの中で、顧客の興味がなさそうなものについては、「今回の顧客には響かなさそうなセールスポイント群」として、ひとカタマリにしておくといいでしょう。

そして「ご興味がないかと思いますが……」と、まずは項目名を述べるくらいに留めて様子をうかがい、詳細説明を省くことを検討します（もちろん、相手が興味を示した場合は、詳しく説明していきましょう）。

ただし、自分がどうしても伝えたい内容、絶対に相手に認識しておいてもらわないと困る情報は、相手が知っていようが知っていまいが、興味があろうがなかろうが、「念のためにちゃんと伝える」ほうが賢明です。

商品・サービスの説明であれば、返品の可否や、契約解除の制限、割引が適用されるための条件などの契約内容にまつわることは、省略せず、伝えるべき情報として、正確に伝えましょう。

Point

説明は長くてもいいが、説明する項目は厳選する

第3章

説明力を高める！「自分の思考」を整理するコツ

「相手の知りたいこと」を考える

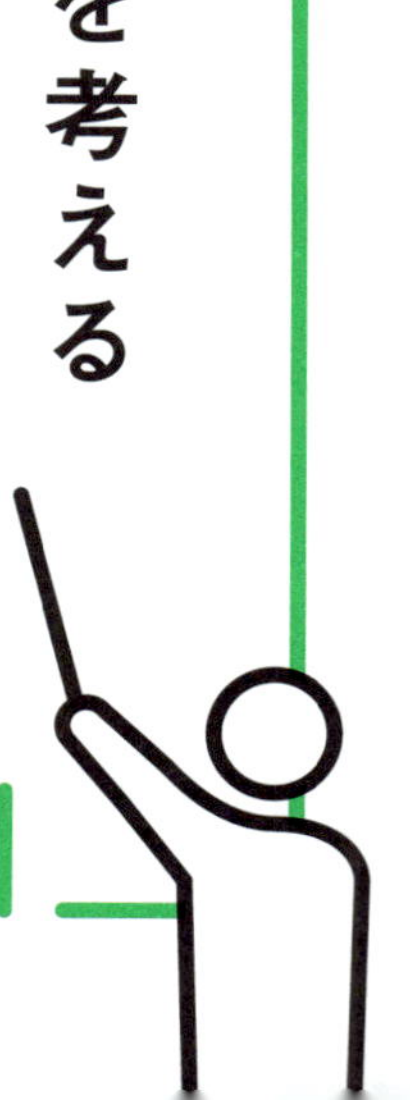

自分が考えたり、経験したりした順番で物事を説明することは避けるべきだ、と述べました。改めて理由をお伝えすると、次のようなデメリットがあるからです。

- **網羅的であるがゆえに、重要ではない情報が含まれてしまいがち**
- **似たような種類の情報があちこちに分散してしまって、わかりにくい**
- **多くの場合、最後まで聞かないと、結論がわからない**

それでも、考えた順番や経験した順番で説明をしてしまう人がたくさんいます。

それはひとえに、次のようなメリットが「説明する側」にあるためです。

・思い出しやすい（内容が漏れにくい）
・準備しなくても、その場で感覚的に説明できる
・自分の経験順序に基づいているので（自分としては）しっくりくる

しかし、改めて「説明」の目的に立ち返ると、**自分の都合に合わせて説明することには意味がない**、と気づくはずです。

説明においては、「相手にとってわかりやすい順番」で話すことが求められます。それは、「相手が知りたいと思っていること」を、「相手が理解できる順番で話す」ということです。その順番は前章でお伝えしたとおり。

大事なのは、伝える情報をまず自分の頭の中で整理することです。ここからは、説明する力を高めるために、自分の頭の中を整理するコツをご紹介していきましょう。

Point

説明したいことではなく、相手が知りたいと思っていることを考える

説明する前にやるべき「思考」をまとめる4ステップ

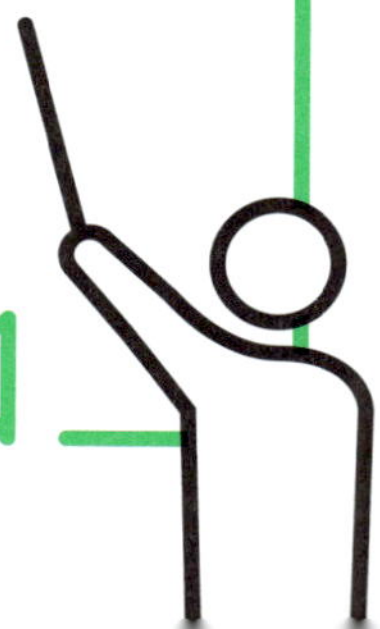

「相手の知りたいことを相手が理解できる順番で話す」ために、何をすべきか。
それは、説明をする前に「思考をまとめる」ことです。
具体的には次の４ステップを行うことです。

ステップ１：相手の知りたいことを明確にする
ステップ２：自分が伝えたいことを明確にする
ステップ３：情報のギャップがないか確認する
ステップ４：ギャップを埋めるために、何が必要か考える

それでは、ひとつずつ見ていきましょう。

ステップ1:相手の知りたいことを明確にする

説明をするにあたって、相手が何を知りたいかを考えることが、もっとも重要です。自分の言いたいことを、どれだけ伝えても、相手の心に響くとは限りません。あなたの説明を聞きたいという人は、あなたの話ならなんでもいいわけではなく、必要な情報が聞きたいのです。

つまり、あなたに聞けば「聞きたい情報を聞ける」と思っているから、あなたに説明を求めているのです。

たとえば、営業先の顧客は、あなたから何が知りたいのでしょうか。あなたが販売しようとしている商品やサービスの詳細でしょうか？違います。その商品・サービスが、自分の抱えている課題を解決してくれるか、課題解決に少しでも役立つのかを知りたいはずです。

あるいは、上司は、あなたの行動をすべて把握しておきたいでしょうか。

おそらく違います。

上司は、期待した成果が出そうかどうかに興味があります。もし成果が出ないとしたら、どういう対策を行う必要があるのか。そして、その対策において、自分がどういう支援をするべきなのかを知りたいと考えています。


こうやって文章にすると当たり前のことのように感じるかもしれませんが、実際、説明やコミュニケーションがうまくない人は、自分が言いたいことばかり話してしまい、相手から突っぱねられてしまいます。


大事なのは「聞き手が知りたいこと」をまず明確にすることです。

あなたの説明する相手が「何を一番知りたいか」を考えてみましょう。

いくつかの候補をピックアップし、その中から「一番」を選び出せれば、それを核として伝える順番を整理できるはずです。

相手が聞きたいこと、知りたいと思っていることがわかれば、どう伝えればちゃんと伝わるのかという筋道が見えてくるのです。

ステップ2:自分が伝えたいことを明確にする

一方で、「自分の言いたいことがない」というのも、説明として意味をなしません。何かを説明するのであれば、常に、自分自身の主張が存在すべきです。

営業ならば、自社の商品やサービスが、他社商品と比べて何が違い、どう素晴らしいのかを伝えたいわけです。

業務の報告であれば、上司の期待に沿うように精一杯努力しているとか、顧客からの信頼をしっかり得られているとか、そういうことを伝えて、業務の状況をできるだけ正しく理解してもらいたいと思うでしょう。

だからこそ、「自分が伝えたいことは何なのか」を明確化しましょう。

ぼんやりと営業活動や業務報告、プレゼンテーションをするのではなく、自分が一番伝えたいことはなんなのかを、少し立ち止まって考えてみるのです。

なおこのとき、「伝えたい内容」には相手にどう動いてほしいのか、という視点を入れましょう。

この情報を受けて、相手にどう変わってほしいのかを考えながら、整理するのです。

なんとなく「自分が一番伝えたいのはこれだ」と考えるだけでなく、

「商品・サービスを買いたくなる」

「いい人事考課をつけたくなる」

「支援の手を差し伸べたくなる」

などから逆算して、自分の主張を作っていくといいでしょう。

こういうと打算的な印象を受けるかもしれませんが、**あなたの仕事のコミュニケーションの目的は、究極的には、人に動いてもらうこと**です。あなたが何かしらの言葉を伝えて、相手に行動や態度の変容を起こすことです。

だからこそ、相手にどう動いてほしいのか、変わってほしいのかも考えてみると良いでしょう。

ステップ3：情報のギャップがないか確認する

相手が知りたいことと、自分の伝えたいことがまったく同じであれば、問題はありません。しかし、多くの場合、そこにはズレ、すなわちギャップがあります。

営業の例では、顧客は自らが抱える業務上の課題を解決したいのに対して、営業マンは自社の商品・サービスの良さを伝えたいわけです。「顧客の課題の解決法」と「商品・サービスの特徴」では、明らかにギャップがあります。

あるいは、業務報告の例では、上司の知りたい「期待した成果の達成状況」と、自分の伝えたい「努力量」は、かみ合いません。

ステップ4：ギャップを埋めるために、何が必要か考える

ギャップが明確化されたら、それを埋める手立てを考えます。

「顧客の課題の解決法」と「商品・サービスの特徴」であれば、

- **顧客が抱えている課題は何か**
- **それは、どうすれば解決できるか**
- **解決のために、自社の商品やサービスを使えそうか**

といった情報が必要でしょう。

「期待した成果の達成状況」と「努力量」であれば、

- **上司が期待している成果**（おそらく期初などにすり合わせているはず）
- **その成果の、数字上の達成状況**（売上げ金額、受注件数など）
- **今後の活動予定と、最終的な数字の着地見込み**
- **目標達成のために、現状の努力で十分かどうか**
- **もし不足している場合は、どのような行動でカバーするか**

などが明確になっているべきです。

なお、ギャップの埋め方には、2つのアプローチがあります。

ひとつは、**「自分の情報を補強する」**という方法。

もうひとつは、**「相手の期待値をコントロールする」**という方法です。

まずは、「自分の情報を補強する」について考えてみましょう。

ギャップを埋めるために必要な項目を、すべて網羅するように準備するのが情報補強のアプローチです。

先ほど洗い出した項目を、**相手の知りたいことから始めて、自分の伝えたいことにつながるように**、しっかりと相手に伝えましょう。

それにより、相手の知りたいことに答えつつ、自分の伝えたいことを織り込んでいくことができるはずです。こちらのほうが正攻法といってよいでしょう。

もうひとつのアプローチは、冒頭に、手持ちの情報・伝えたい情報の範囲を開示して、「今日はこの話をします」と決め切ってしまうというものになります。これが「相手の期待値をコントロールする」という方法です。

営業の例であれば、

「本日は、弊社のサービスのご紹介をさせていただきますが、御社の状況をお聞きするためのインプットとしていただきたいと思っております」と、商品紹介ではなく、相手の話を聞く場だと定義したり、「弊社の導入事例と、それによって解決された課題についてご紹介しますので、御社の状況に近いものがあれば、「ご教示ください」と、商品の特性・特徴の紹介ではなく導入事例の紹介と位置づけて、課題ヒアリングを行う場にしてしまったりするわけです。

業務報告の場合は、「これまでの活動の経緯をご報告しますので、ほかのメンバーの活動と比較した際の、いたらない部分や改善点をご教示ください」と、期待値とのギャップ洗い出しを手伝ってもらうようにお願いする、というのも一案です。

こうして組み立てた「説明」は、「時系列（考えた順、経験した順）」とは違います。

相手の興味・関心を類推し、それに沿う形でストーリーを組み立てる、という準備段階を経たことで、あなたの説明は思いつきの行き当たりばったりから脱却し、適切な情報を効果的に伝えることができる状態になっていることでしょう。

Point

相手の知りたいことと、自分の伝えたいことを明確にする

「短いほうが伝わりやすい」は本当か?

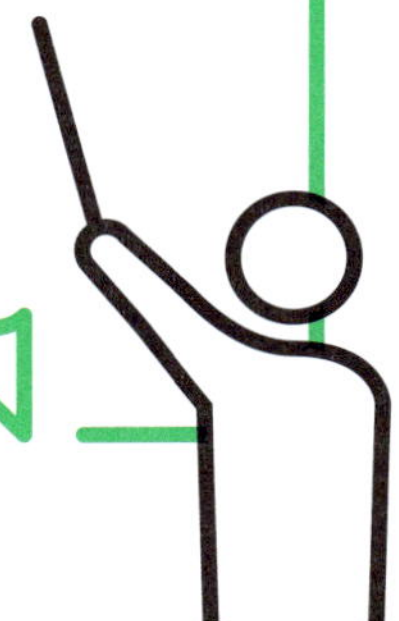

サマライズとクリスタライズ

「簡潔に話しなさい」「もっと端的に表現して」「話が長い。もっと短く」。説明に関して、こういう指摘をされることも多いでしょう。そのため、いい説明は短いものだと思ってしまっている方が非常に増えています。

確かに、説明はシンプルであるべきです。無駄に冗長な話は聞いていられませんし、話が退屈だと感じられたり、情報が多すぎて何が言いたいことなのかわからない、ということになったりしてしまいます。その意味では、短いほうが伝わりやすいといえるでしょう。

しかし、一方で、単純に短くすればいいかというと、そういうわけではありません。**安易に文章を短くしようとすると、逆に伝わりにくくもなる**のです。

短い文章で端的に伝えるためには、実は非常に高度なテクニックが必要になります。

短くするための技術として2つの技術があります。

・サマライズ

・クリスタライズ

と呼ばれるものです。

詳しくは後述しますが、サマライズは、長い文章から要点をくくり出す技術です。

クリスタライズは、本当に重要な物事だけにフォーカスして話を「結晶化」する技術になります。

この2つの言葉は、世の中では、あまり明確に定義されていないように思いますが、私は次のように使い分けています。

サマライズは、文章を短くシンプルにすること。

クリスタライズは、本質を表すキーワードを選び取ること。

これらがしっかりできていないと、「文章は短くなっているけれど、何を言いたいのかがさっぱりわからない」という残念な結果に終わります。

例を挙げましょう。

新聞やネットニュースの見出し、ワイドショーのコメンテーターの発言などが一種のサマライズやクリスタライズにあたります。

しかし、ご存じのとおり、応々にして誤解を招く表現になっていることがありますよね。言葉を安易に短くすると、正確性が失われていきます。だからこそ、文章を短くするというのは高度な技術である、と言っているのです。

その一方で、丁寧に正確に伝えようとしすぎると、非常に回りくどく、長々と説明が続くということもあるでしょう。実際、「専門書」と呼ばれる書籍は、非常に字が細かく、分厚い本になりがちですよね。

文章を伝わるように短くまとめることは、容易ではないのです。

それでは、ある架空の商品に関する、次の2つの説明文を見比べてください。

説明文A

・3本セットのアルコール飲料
・だんだんアルコール度数が下がる
・次の日にひびかない

説明文B

・3本セットで販売するアルコール飲料
・アルコール度数は1本目が7%、2本目が5%、3本目は3%。徐々にアルコール度数が下がるように組み合わせている
・1本目でガッツリ酔いたい気持ちを満たす
・2~3本目はアルコール度数を下げて「次の日に酔いを残さない」という気持ちをカバーする
・3本飲むことで、量も多くなり、飲む時間も長くなるため、しっかり飲んだという満足感が得られやすい
・満足感に比べて摂取アルコール量が少ないため、翌日、二日酔いになりにくい

さて、どちらの説明文が、具体的な商品イメージを湧かせられるでしょうか。

当たり前ですが、文章が長い説明文Bのほうが、商品の内容を正しく伝えることができています。

もちろん、説明文Bでは長すぎるというご意見もあるでしょう。

しかしながら、まず理解しておくべきは、**伝えたい内容をしっかりと保持したまま説明を短くするのは、極めて難易度が高い**、ということです。

文章を無理矢理短くしたせいで伝わらない。それは本末転倒です。それよりは、**たとえ文章が長くても内容が伝わることが大切だ**、という意識を持ってください。

大事なのは説明や話の長短ではなく「相手に正しく伝わるかどうか」です。

サマライズとクリスタライズの基本的なやり方を押さえておけば、短く端的に伝わる説明ができるようになります。やり方は、のちほどご紹介していきます。

Point

短くて伝わらないより、長くても伝わるほうが大事

サマライズ

(例)

before

日本は、細かな地域に区分されている。

代表的なものを挙げると、東京、大阪、京都、愛知、福岡、北海道、沖縄などである。

これらは合計で47個あり、そのうちの多くは「県」と呼ばれるが、東京は「都」、大阪と京都は「府」である。

また、北海道だけは例外的に、常に「道」までを含めた呼称で呼ばれる。

after

日本は、47の地域に区分されている。

その内訳は、1都1道2府43県。

すなわち、東京都、大阪府、京都府、北海道を除いては、すべて県と呼ばれる。

ポイント

- □ **余計な言葉を省く**:個別の県名、「細かな」「代表的な」「合計で」
- □ **短く(端的に)言い換えられる言葉を探す**:1都1道2府43県
- □ **参考情報を削る**:北海道だけは例外的に「道」までがセットである

クリスタライズ

（例）

before

銀ブラという言葉をご存じですか？
銀座をぶらぶら歩くこと、と思っている人が多いのですが、実は、銀座でブラジルコーヒーを飲む、ということなのです。
銀座八丁目の中央通り沿いにあるカフェーパウリスタが発祥といわれており、ここでコーヒーをオーダーすると「銀ブラ証明書」を発行してもらえます。

after

A）言葉の**語源**や意味は、勘違いされていることが多い。銀ブラが好例。
B）**「発祥の地」**はビジネスチャンス。銀ブラ発祥の地では、銀ブラ証明書を発行して集客している。
C）銀座に行ったら、カフェーパウリスタでコーヒーを飲みましょう。それであなたも**「銀ブラリスト」**です。

ポイント

- □「本質」はひとつではない＝絶対的な正解はない
- □言うべきこと、伝えるべきことを決めて、適切なキーワードを探す
- □キーワードは、作り出してもかまわない（語源、発祥の地、銀ブラリスト）

枝葉ではなく「幹」から伝える

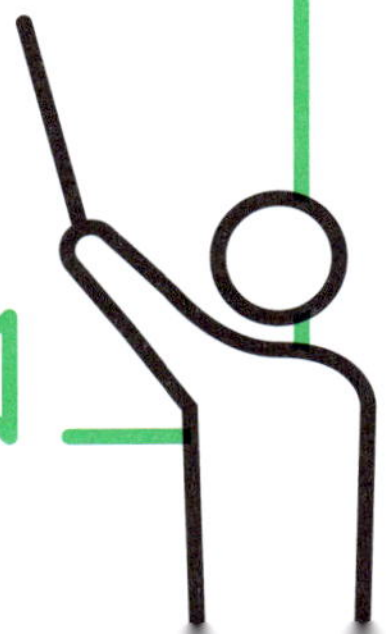

「必ずしも説明を短くする必要はない」と言いましたが、もちろん短いに越したことはありません。

しかし、すでにお伝えしたとおり、短くするのには、高度なテクニックが必要です。

その中で、**一番簡単なのは「言いたいことを減らす」**ことです。

時系列で説明すると、内容が散漫になりがちである一方で、網羅的にもなります。人は、経験した順番、考えた順番に物事を思い出すほうが得意だからです。

しかし、すべての出来事や考えを説明していると、非常に多くの情報を伝えることになってしまいます。これが、説明が長くなってしまう最大の原因です。そして同時に、相手に伝わらない原因でもあります。

「この木について、説明してください」と言われて、枝の話や葉っぱの話をするのは本質的ではありません。

その木の成り立ちを「幹（場合によっては「根」）」の部分から説明するべきです。

もっといえば、「枝葉の説明」と「幹の説明」の、どちらかしか説明してはいけないと言われたら、「幹」の話を選ぶべきである、ということです。


仕事の例で考えてみましょう。

大事なのは、「何が幹で、何が枝葉なのか」を見抜くことです。

たとえば、あなたが営業マンだとして、上司に「売上げが下がっている現状の課題はなんだ？」と問われ、仮に次のように答えたとしましょう。

- **大口顧客のA商事との取引が、最近落ち込み気味である**
- **部材の値上がりが進んでいる**
- **新商品の販売が振るわない**
- **新規開拓中のB物産のガードが固くて、なかなか取引にいたらない**

このような回答をしているのならば、それは〝枝葉〟です。確かにこれらは問題でしょうが、それらを列挙したとして、上司はどう思うでしょうか。おそらくは、

「結局どれが課題なの？（その中に、〝課題〟は入っているの？　入っているならどれなの？）」

「要するに、なんなの？（それとも、それらすべてを一言で表現できるような〝真因＝課題〟があるの？　だったら、それを一言で言ってよ）」

という反応が返ってきます。一方、同じ問いに対して、

「新規顧客の開拓が進まないことです」

と答えた場合にはどうでしょうか。

「なんでそう思うの？（本当にそれが課題なの？　違うかもしれないから説明してみてよ＝理由・根拠の確認）」

「どういう対策があるの？（それが課題だとしたら、打ち手は何？＝次のステップの確認）」

となるでしょう。この違いはなんでしょうか。

それは、「前者（枝葉）」の列挙では、**問いに対する答えがないために議論が前に進んでいかない**のに対し、**「後者（幹）」の説明では、上司が「答えは受け取った、理解した」として議論が前に進む**ところにあります。

これは、非常に大事なことで「まず、自分が伝えたいことをきちんと伝えないと、前に進まない」のです。

そして、言わなくていいこと・言う必要がないことは口に出さない、という態度で臨むのです。それでも、どうしても追加で伝えておきたいことがある場合には、説明順序の一番後ろに回して「補足」という扱いにしておきましょう。

Point

枝葉に惑わされず、幹を見抜くことが大事

「幹」と「枝葉」の伝える順番

①まず「幹」から説明する
②次に「枝葉」を説明する

**枝葉の情報ではなく、
幹を見つけることが大切**

説明上手は、「要約」と「本質の見極め」がうまい

前項で述べた「枝葉を捨てて、幹を選び取る」というテクニックは、先ほどご紹介したサマライズやクリスタライズの活用例です。

繰り返しになりますが、サマライズとは「要約する（要点だけに約する）」という意味で、クリスタライズとは「結晶化する（本質だけを抽出して昇華する）」という意味です。コンサル業界では、サマライズすることを「サマる」と言ったりもします。

説明がうまい人は、このサマライズ、クリスタライズに長けています。

非常によくあるサマリー（要約）の失敗として「情報を薄っぺらなものにしてしまう」というものがあります。これは、「要約」の「約」というところだけに注目した結果なのではないかと思います。少し具体的に考えてみましょう。

週末に彼女と新宿駅で待ち合わせして、白いロマンスカー（VSE）に乗って、ガンダムみたいだね、と盛り上がったあとで、車内で景色を見ながら生ビールで乾杯して、箱根湯本で川沿いを10分ほど上流に歩いた店で蕎麦を食べてから、ケーブルカーで強羅に行く途中、彫刻の森美術館で足湯に入りながらシャンパン飲んでから、強羅温泉で一泊し、翌日はロープウェイで大涌谷を経由して芦ノ湖の海賊船に乗り、その後、バスで箱根湯本に移動し、ロマンスカーで帰ってきました。

この話を要約してくださいと言うと、**「週末に旅行に行った」**という感じにしてしまうわけですね。

これでは、具体性がなくなり、抽象的な情報になってしまっています。これは、サマリーとしては最悪です。

仮に、同じ文章量でサマライズするとしたら**「彼女と箱根旅行」**とか、あるいはもっと思い切るなら**「ロマンスカーで生ビール」**とかにすべきです。

うまいまとめ方のポイントとは？

ポイントは「具体的な状況をイメージさせるキーワードを選んだまとめを作る」ことです。

具体的な情景が思い浮かぶキーワードを選んで、相手にイメージを想起させる「サマリー」でないと何も伝わりません。

仕事の例でいうと、サマライズした結果の文章が「発注業務の効率性が向上します」とか「在庫量を最適化します」とかの場合は要注意です。

もちろん、世の中には「結果だけが聞きたい」というケースもあります。しかし、それは「サマライズしてください」というオーダーではありませんよね。

「結論は何？」という質問に対する答えです。

こういう仕事の改善活動のサマリーであれば具体的な「ＨＯＷ」に踏み込んで説明することが望ましいです。

たとえば、

「推奨発注量が表示されるから」

「十分な店内在庫があるものは、グレーに表示されて発注しなくていいとわかるから」

などという具体的な手段（ＨＯＷ）によって、発注業務が効率化されるのであれば、「推奨値の提示、発注対象外商品の非表示機能等により、高効率な発注業務を実現」くらいまでは説明すべきでしょう。

とことんまで具体的に考えて、その中で、一番伝えるべき内容・伝えたい内容（＝要点）を厳選して抽出して、端的に伝えることが説明上手のコツだといえます。

Point

一番の伝えるべきポイントを抽出しよう

「伝えたいこと」を徹底的に可視化する

「書かれない思考は、思考ではない」

戦略コンサルタントの業界にいると、こういった警句《けいく》をよく耳にします。

「書く」という行為は、考えると同義だといっても過言ではありません。「書く」ということは、思考を〝具体化する〟、〝可視化する〟ということです。そして、それは思考を〝客観視する〟ことにつながります。

主観的に物事をとらえているだけでは、思考が深まりません。ましてや相手に説明するというのであれば、相手の興味を得やすい順番や、理解しやすい順番にする必要がありますので、伝える情報を客観的に〝視る〟必要が出てきます。

ですので、本当に「深く考えたい」とあなたが願うのであれば、客観的に物事（や、

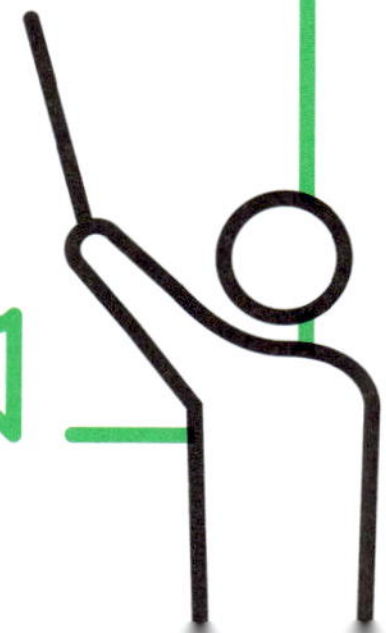

自分の考え）をとらえることが重要です。

そのためにお勧めなのが、思考や情報を紙やノートに書き出すことです。

書くという行為は、思考を「言語化」「可視化」する作業にほかなりません。紙やノートに書き出すことで、頭の中にあった「主観」を、「客観」としてとらえ直すことができるようになります。

こうすることで、自分の考えに論理破綻が起こっていないか、足りていない情報がないか、などを冷静に評価できるようになるわけです。

戦略コンサルタントは、紙やノートで考えるプロフェッショナルでもあります。

コンサルタントの書いたプレゼンの資料作成本や、パワーポイント作成技術などの本も多く出版されているので、コンサルタントのことをパワーポイントや資料作りがうまい人たちだと思っている人もいらっしゃることでしょう。

しかしそうではありません。

もちろん、資料作成やパワーポイントを使ったプレゼンテーションのスライド作成の技術も高いのですが、多くの場合、資料を作る前に、紙やノート、ホワイトボードどを使って思考を整理しています。

いきなりパワーポイントなどで資料やスライドを作る人はほとんどいません。

あなたが自分の思考を整理する際も、最初からパソコンを起動し、パワーポイントなどを使うことはやめましょう。パワーポイントは「なんとなく整理された感じ」「それっぽい感じ」を醸《かも》し出してくれますが、考えをまとめるには不向きです。


少なくとも、思考整理のやり方が身につくまでは、最初に紙やノートで考えをまとめ、ロジックを組み立ててから、仕上げとしてパワーポイントを使いましょう。

どうしても最初からパソコンを使いたいという方は、パワーポイントなどのビジュアルツールではなく、ワードなどのテキスト編集ツールを使って、思考の文字起こしを行うことをお勧めします（ビジュアルに考えたほうがいい場合は例外です）。

説明が長い・短い以上に大事なのは、「本当に伝えたいこと」

繰り返しお伝えしているとおり、思考の可視化段階においては、長さを気にする必

自分の思考を書き出す

伝わらない理由のひとつは、自分の言いたいことがまとまっていないこと。
まず書き出し、眺めて、並べ替える作業が大切。

紙やノートに書いて、思考を整理しよう

要はありません。

しかし「長文でいいから紙に書く」ということを、いざやってみようとすると、「意外と書けない」という人が多いです。

多くの場合、説明がうまくいかないことの本質は「簡潔に表現する能力のなさ」ではありません。

説明がうまくいかない問題の本質は、多くの場合「言いたいことが決まっていない」ことなのです。

「短く表現する」どころか「長い文章でも表現できない」ということに気づく、これが、真の意味での〝最初の一歩〟になります。

実際、コンサルティングの現場で、クライアントでも同僚でも、「端的に表現できない」と悩んでいる人と話していると、実は「まとめる能力が足りない」のではなくて、「そもそも、言いたいことが自分自身でもよくわかっていなかった」という状態だとわかることが多々あります。

これは、その人の頭がいいとか悪いとか、そういうこととはまったく別の話です。

単に「まず書いて、客観的に眺める」という、基本動作を知らないだけなのです。

説明の情報をまとめる技術

うまくできそうにないという方は、次の手順で進めてみてください。

1：経験した順番、考えた順番ですべて書き出す
2：伝えたいことに、赤ペンや蛍光ペンを使って印をつける
3：印のついた部分をカタマリとしてまとめ直す
4：各カタマリについて、再度、文章として書き起こす
5：カタマリの並び順＝説明順序を決める

ひとつずつ見ていきましょう。

1：経験した順番、考えた順番ですべて書き出す

まずは、説明する情報をとにかく書き出すことです。

順番にこだわる必要はありませんが、時系列で書いていくと漏れにくくなります。時系列で表現しにくいものの場合には、箇条書きでもいいので書き出します。ものによっては、4P、3Cなどのフレームワークを使って書いていくといいでしょう（フレームワークについては、160ページでご紹介します）。

ちなみに、「モレ」は厳禁ですが、「ダブリ」は問題ありません。同じような話が繰り返し出てきてもかまいませんので、思いつく限り書き切ってください。

2：伝えたいことに、赤ペンや蛍光ペンを使って印をつける

書き出したら、文章を眺めたり、読んだりしてみましょう。そして、あなたが伝えたいことや、相手が興味・関心を持っていそうな内容に、赤ペンや蛍光ペンなどを使って、色をつけていきます。

このとき、

「商品・サービスに関することは赤」
「顧客・ユーザーの課題に関することは青」
「成功体験は蛍光イエロー」
「今後のアクションは蛍光ピンク」

という具合に、カタマリごとに色分けすると、あとの作業がスムーズに進みます。

3：印のついた部分をカタマリとしてまとめ直す

そして、同じ色をつけた部分を、ひとつのカタマリにまとめます。それぞれのカタマリの「キーワード」になるものを抜き出して、書き留めていきます。

たとえば、商品・サービスに関する記述で、

- 小売店からは、競合品より高いので、売りにくいというコメントが出ています
- アンケートの結果、パッケージは極めて好評です
- 開発部門による性能試験では、競合品よりも明らかにいい性能だと証明されました

などの文章に色がついている場合は、「高い価格」「小売店での扱い方に課題」「優れたパッケージデザイン」「優れた性能」というようなキーワードを抜き出します。

4：各カタマリについて、再度、文章として書き起こす

カタマリごとにまとめたキーワード群に対して、再度、文章化していきます。

3で抜き出したキーワードを眺め、組み替えながら文章にしていくことになります。もしここで、追加で思いついた「言いたいこと」があれば、それらも加えていきましょう。

3の例であれば、

「性能のよさをしっかりと伝えることで、高価格であることの理由は説明できる。そのために、まず、小売店に対して『高性能であるがゆえに高価格である』と伝えていく活動を行う必要がある。

パッケージはユーザーに好評なため、陳列時のパッケージの見せ方なども、小売店に提案していく」

というような文章にすることになります。

5:カタマリの並び順=説明順序を決める

最後は、構造化です。先にも述べたとおり、説明を聞く相手の興味に沿うように、または理解がスムーズになるように、順番を組み替えましょう。

もちろん、この時点で、まだ「自分の言いたいこと」だけしか整理できていない、というような場合には、「相手の知りたいこと」を明確にする作業を行ってください。

Point

紙やノートに書き出すことで客観視する

説明の情報をまとめるステップ

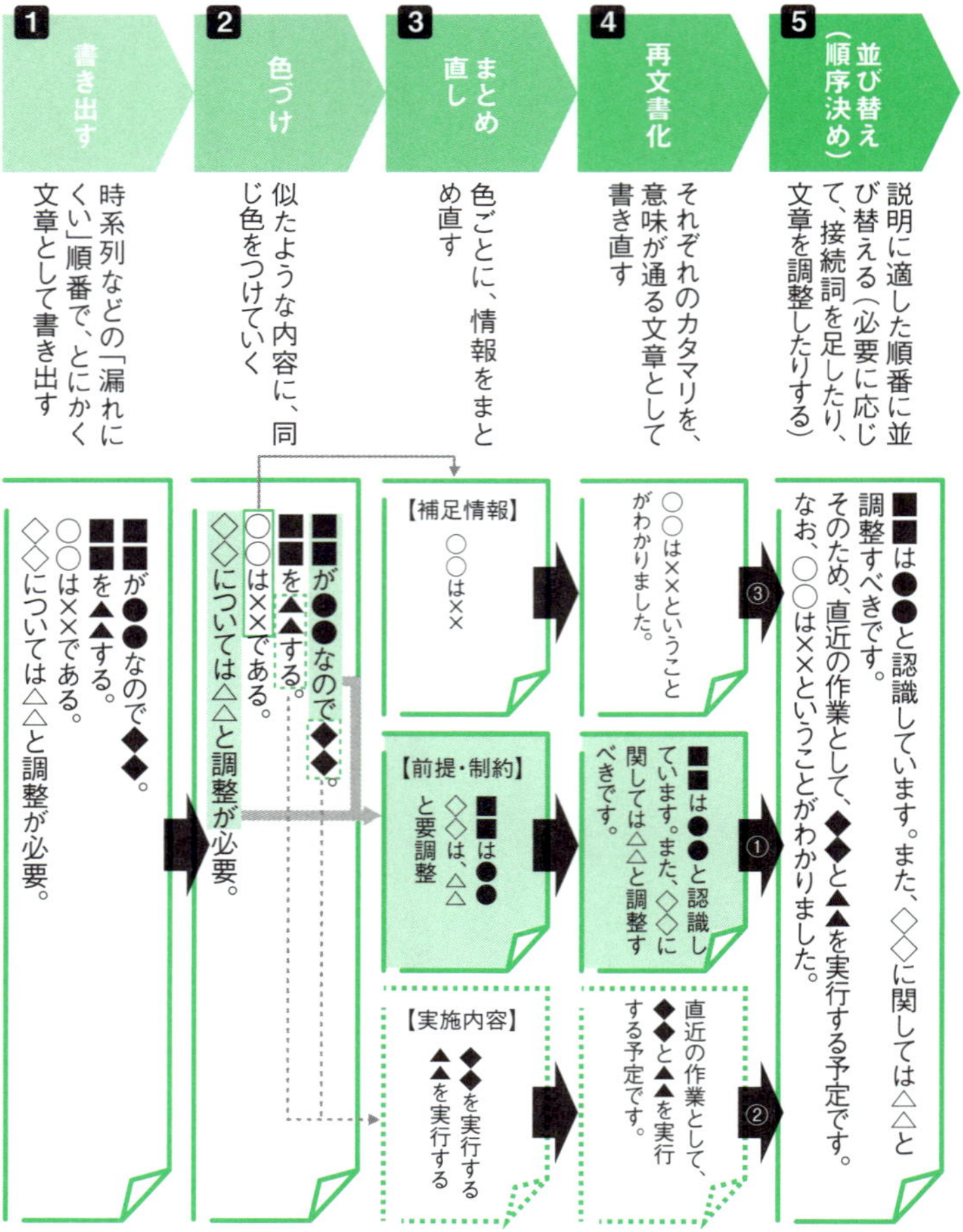

第4章

理解度が高まる！「相手の思考」を整理するコツ

相手の理解度を高めるために、相手の思考を整理する

自分の思考をまとめることで説明力は高まります。相手が聞きたい情報、求めている話、自分が伝えたいことを整理し、どの順番で伝えるかを考えていくことで、伝わりやすい説明や伝え方ができるようになります。

ただし、これはあくまで基本です。もう一歩踏み込んで、相手の頭を整理するように心がけると、話が通じやすくなったり、狙いどおり相手が動いてくれたりするようになります。

前章が「自分の説明力を高めるコツ」だとすれば、この章でお話しするのは「相手の理解度を高めるコツ」だといえるでしょう。

では、より相手に伝わるようにするための方法をこれからご紹介していきます。

すなわち、「相手の思考を整理する技術」です。

こういうと、相手の考えていることや意向を変えてしまうのかなと思うかもしれませんが、そうではありません。説明の導き方や、小さなテクニックで、聞き手がより深く話を理解できるようになります。

具体的には、次の3つの方法をご紹介します。

・「地図」で相手の思考を整理する
・「質問」で相手の思考を整理する
・「フレーム」で相手の思考を整理する

それでは早速見ていきましょう。

Point

3つの方法で相手の思考は整理できる

全体を定義して「地図」を示す

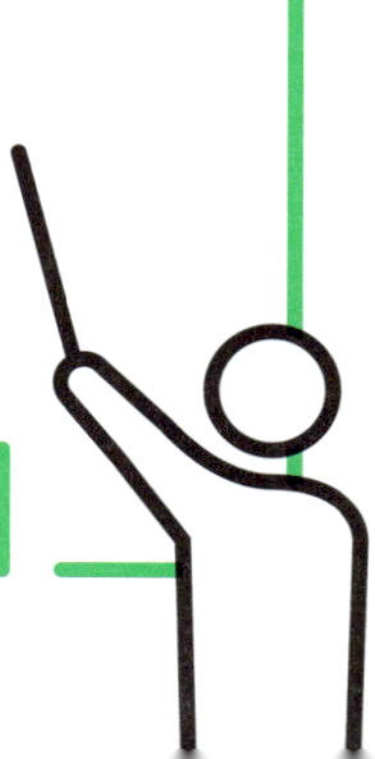

自分の考え方をいくら整理しても、相手の頭の中が整理されていなければ説明の内容は理解されません。ではどうすれば、相手の頭の中を整理することができるのでしょうか。

そもそも、相手はあなたがどんな論理展開で、どんな話をするのかわかっていないことが多いです。テーマによっては、まったく知らない話であることもあるでしょう。あなたが伝えようとしている話が「どこから始まり、どこに向かっていこうとしているのかわかっていない」というケースが往々にしてあります。

そこで有効な方法が**「地図を共有する」**というものです。

話の筋道がどこからどこへ流れ、どこに向かって進んでいるかがわかれば、相手は話についてきやすくなります。

だからこそ文字どおり、「迷う」ことがなくなるのです。

そこで、**説明の冒頭に、全体像を提示しましょう。この全体像が、説明や議論における「地図」になります。**どんな場合であっても、最初に「地図」を開かないと、関係者全員が迷子になります。

普通に生活している中で「どこかに行こう」と思ったときには当たり前に行う「地図を開く」という行動を、なぜか仕事では、怠りがちです。仕事も、目的地を目指して進むものです。誰かが「地図」を描いて、その「地図」を議論の冒頭に提示する必要があります。

地図を描くことのメリットは3つあります。

- **どこまでの範囲を考えればいいのかがわかる（広域図）**
- **今、自分たちがどの部分について話しているのかがわかる（現在地）**
- **複数の論点の関係性がわかる（地点登録）**

自分の考えてきた企画を会議で説明する場面を例にとって、考えてみましょう。

相手の頭を整理する地図

【地図を共有するメリット】

・どこまでの範囲を考えればいいのかがわかる（広域図）
・今、自分たちがどの部分について話しているのかがわかる（現在地）
・複数の論点の関係性がわかる（地点登録）

同じ地図を見ながら説明すると伝わりやすい

まず、ありがちな説明の冒頭です。

「それでは、私の考えてきた企画『どこでもドア』についてご説明します。まず、この商品は、あの有名なアニメ『ドラえもん』に登場する『どこでもドア』をヒントに思いつきました。どこでもドアがあれば、いつでも、好きなところに行ける。それを、ＩＴ技術を使って実現できたらいいな、と考えました。

実際に、使用するテクノロジーは、プロジェクターとウェブカメラ、Ｓｋｙｐｅです。まず、Ｓｋｙｐｅで……」

完全に「思考した順序」、すなわち時系列での説明になっています。

そのため聞き手は、この話がどこに向かっているのか、終わるまでにどれくらいの時間がかかるのか、会議の参加メンバーは何を求められているのか（あるいは、何も求められていないのか）が不明瞭なまま、話を聞き続けることになります。

この話を、最初に「地図」を提示することを意識して、再構成してみましょう。

「これより、私の企画案をご説明します。本日は、企画のアイデアと、その実現イメージをご紹介させていただきます。皆さんには、この企画が、技術的に実現可能かどうか、および、世の中にニーズがありそうかについて、コメントをお願いしたいと考えています。

企画名は『どこでもドア』です。由来は『ドラえもん』の秘密道具ですね。

ここからは、まず、本企画で実現したい機能と、それによってユーザーにもたらされる価値をご紹介した上で、活用する技術についてご説明します。その後、ご質問およびご意見をいただく時間とさせていただきます。

さて、本企画では、いつでもどこにでも行けるという『どこでもドア』のコンセプトを活かし……」

この説明の導入部分を聞いた聞き手は、この会議の中では、

- **企画のアイデア**
- **実現イメージ（提供する機能と利用シーン）**

・**実現方法（どういう技術やソフトウェア、必要ならパートナー企業も？）**

などが説明されるのだろう、と予測できます。

そのため、話を聞きながら、今どのあたりまで話が進んでいるか、あとどれくらい話が続きそうか、などを「地図」に照らし合わせて、推し量ることができます。

さらに、その説明を聞いた上で、技術的な実現性と、そもそもこの企画が世の中に受け入れられそうかについてコメントしてほしい、ということもわかっていますから、それらのポイントについて、話を聞きながら考えておくことができます。

このように、説明の冒頭に地図を提示し、**我々は、どこから、どこへ向かっているのか。その道中は、どういうルートを進むのか、を共有しておく**ことで、話が横道にそれることもなく、話し手と聞き手が同じペースで歩いていくことができるのです。

Point

相手と地図を共有すると、相手の思考は整理される

説明における「地図」の作り方

説明に用いる地図は、２種類あります。

それは、

- **筋道が描かれた「小さな地図」**
- **全体が描かれた「大きな地図」**

です。先に紹介したのが、説明の筋道を最初に共有する「小さな地図」だとすると、もうひとつの「大きな地図」は、ひとりが淡々と説明するようなシーンではなく、複数の人間が発言し、議論し、アイデアを広げまとめていく会議や打ち合わせで使うものです。

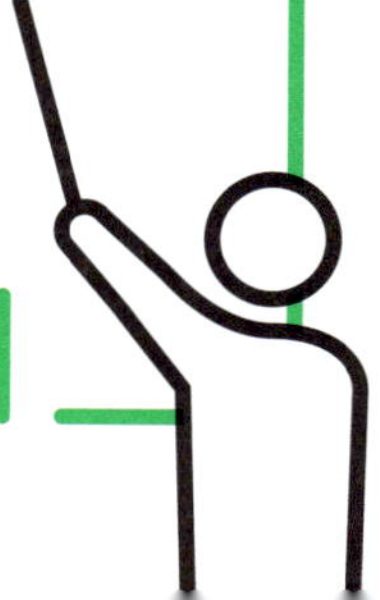

それでは、どういうふうに大きな地図を作っていくのかをみていきましょう。
大きな説明の地図を作る際には、押さえておくべき5つの鉄則があります。
それは次のとおりです。

鉄則1：地図は大きいほうがいい
鉄則2：地図を作り替えることを恐れない
鉄則3：焦点を明らかにする
鉄則4：常に、地図に立ち戻る
鉄則5：地図を広げるタイミングは最初

鉄則1：地図は大きいほうがいい

まず、説明における大きな地図の世界観は、大きければ大きいほどいいです。
特に、アイデア出しの会議や、クライアントのニーズを把握するための打ち合わせのような発散系の議論の場合は、できる限り大きい地図にしていきましょう。

たとえるならば東京23区の地図より関東広域図、日本地図よりも世界地図といった具合に、なるべく広範囲になるようにしておきます。

というのも、説明をしていく中で、相手が質問や意見を出してきた場合に、「地図に載っていない」、すなわち想定の範囲外という事態は避けたほうがいいからです。

コンサルの現場でいえば、拡散系・発散系の会議においては、世界地図なり宇宙地図なりの「果てしなく広大な地図」を用意して、本筋から大きく外れた意見についても、「なるほど、それは火星の話ですね」と、しっかり受け止めます。それにより、発言者も満足し、議論も本筋から離れずにすみます。

もう少し具体的にいえば、「商品のよさを説明する」のに、「価格優位性（安さ）」の話しかしない、というのは問題がありますよね。「製品特性＝機能」や「流通の特徴」「実施中の販促キャンペーン」などの情報が含まれているべきです。

このときに「綺麗な女優さんがCMに出演しているのもいいですね」と、関係ない話をされた場合には、「販促キャンペーン」の項目にマッピングします。

そして、「ひょっとしてファンなのですか？　では、彼女の写真のついたノベルティがないか確認して、次回お持ちしますね」というふうに受け止めるわけです。決して、「今はその話は関係ないですね」と切り捨てず、広く定義した地図にプロットした上で会議の本筋に戻るのです。

鉄則2：地図を作り替えることを恐れない

提示した「地図」は絶対のものではありません。議論の流れに合わせて作り替えてかまいません。もちろん、最初に示した地図にしたがって、話を進められると最高なのですが、侃々諤々《かんかんがくがく》の議論が起こるような会議ではそうもいきません。

縮尺が違うとか、まったく範囲が違う、見ているエリアが違う、などの意見が出てくることもあります。そうなった場合には、それはそれで、その場を「そこにいる全員が合意できる地図を作る会議」にしてしまえばいいのです。

何がなんでも、この瞬間に決めないといけない、説明しきらないといけないことなんて、災害現場などの特別な状況下でもなければ、ほとんどありません。

ですので、明日以降に迷子にならないために、今日を地図作りに費やすというのも、悪くない選択です。急がば回れです。

たとえば、商品のよさについて説明していたら、「御社は、問い合わせ対応が悪い」などという、地図の外側の話をされることもあります。

そういう場合には、「サポート体制を重視されるんですね」と、地図を広げます。そして「ほかにも、何か気にされていることはありますか」「他社さんで、いいなと思っていることがあればなんでも教えてください」と質問を投げかけて、地図の〝端〟を決めることに注力しましょう。

鉄則3：焦点を明らかにする

全体像を可能な限り広く定義した上で、その場での討議ポイントは明確に絞り込みましょう。無理矢理せまくする必要はありませんが「今日は、どの話をしているのか」を明らかにしておかないと、議論が発散してしまいます。

先ほどの例でいえば「とりあえず、本日は商品のよさの話をさせてください。サポート体制等のご質問は、ご期待に沿えるように弊社内で確認・調整の上、再度ご説明の機会をください」というふうに議論の範囲を切り分けるといいでしょう。

あるいは、「ご指摘、ありがとうございます。本日は、御社のご要望をお聞きする場とさせていただいて、商品紹介は後日改めて、とさせていただきます」と打ち合わせそのものを地図作りの場と再定義してしまってもよいかもしれません。

さらに、地図の中のエリア名として、「価格の話」「製品特性＝機能の話」「流通の特徴の話」「実施中の販促キャンペーンの話」という〝番地〟を振って、類似した話題を同じカタマリとして整理しておきましょう。

鉄則4：常に地図に立ち戻る

地図を定義し共有した以上は、常に、その地図に立ち戻り、自分たちの居場所を確認するべきです。

「地図を開く」ということは、「議論の主導権を握る」ということを意味しますので、会議での存在感が出せます。

その上で、「地図を見ながら会議する」ということは、「議論の理解度を全員で共有する」ことになります。

思考の地図がそこにあることにより、今、自分たちがどこにいて、どこを目指していて、そのために何を考えなくてはならないのか（移動距離は？　最適な乗り物は？　越えるべき障害物は？）、をその場の全員が理解していくことができますので、結論まで、迷いなく到達しやすくなります。

また、なんらかの誤解があった際にも、その〝間違い〟や〝誤解〟が、地図上にプロットされる過程において、誰かが気づいて指摘することにつながります。

それにより、物事の理解の精度も高まります。

「商品の良さについて説明する」と決めたのに、「過去の取引上の問題点」などを述べようとする人がいることもあるでしょう。そんなときに全員が同じ地図を見ていれば、聞き手の誰かが「その話は、今はやめましょう」と言ってくれるかもしれません。

あるいは、商品の安さをアピールした際に「その洗剤がいくらが安いといっても、ほかの商品より内容量が少ないだけでしょ」というような反論をされた場合にも、同じ「価格」という番地に所属する「1リットルあたりの単価が安い」、「少ない量で同じ洗浄効果」というような、関連する話を引き出しやすくなります。

常に、地図を意識し、地図を参照しながら説明を進め、議論をするのです。

鉄則5：地図を広げるタイミングは最初

地図を広げるタイミングは、「打ち合わせの最初」がいいです。

しっかりと事前準備をした上でその場に臨み、「本日はこの範囲で、こういうテーマの話をする」と定義することで、主導権を握りましょう。

初めての打ち合わせでは難しいという場合には、2回目以降の打ち合わせの冒頭に行います。

「前回の内容を、私なりにまとめてみました」という形で提示するのがいいでしょう。

前回から今回までの間に、考える時間も十分とれますし、必要ならば、周囲の人に内容のレビューをしてもらうことも可能です。

一方、上級者の方には、会議終了の15分前をお勧めします。

おもむろに立ち上がって、ホワイトボードに向かい、「これまでの議論を聞いた結果が、今、この瞬間に稲妻のように閃きつつある！」という感じで、整理するのです。

もちろん、そのためには、打ち合わせの最中に、参加者の反応や発言をしっかりとメモし、いろいろなフレームワークを試して、〝最適な切り口〟で整理しながら、〝十分な広さ〟のある地図を作り上げるテクニックとスピードが必要です。

なお、会議終了15分前というのは「そろそろまとめないと、この会議が終わらないな」と、参加者全員が感じるタイミングなので、切り出すタイミングとしても最適です。

会議や打ち合わせに参加した人は皆、「今日は、どこに向かうのだろう」、「どの場所の話をするのか」などに関する漠然とした不安を抱えているものです。

そのため、「地図」があると、それだけで、なんとなく相手は安心します。ぜひ、参加者を安心させて、あなたの説明内容をしっかりと理解してもらってください。

Point

地図を使って主導権を取りつつ、聞き手を安心させよう

「質問」を使うと、相手の頭を整理して話せる

それでは相手の思考を整理する2つ目の技術として、「質問で整理する方法」をご紹介していきましょう。

説明がコミュニケーションである以上、一方的に話すだけで終わるということは稀《まれ》です。理想の説明は、相手の話も引き出しながら、状況に合わせて、適切に物事を伝えていくことです。

会話の中で質問をしていくことで、次のようなメリットがあります。

・質問の回答を考えることにより、相手の中で思考が言語化される
・相手の中に「自分が言った言葉」によって、筋道が生まれる
・相手の求めている情報がわかるので、補足・追加説明すべきことがわかる

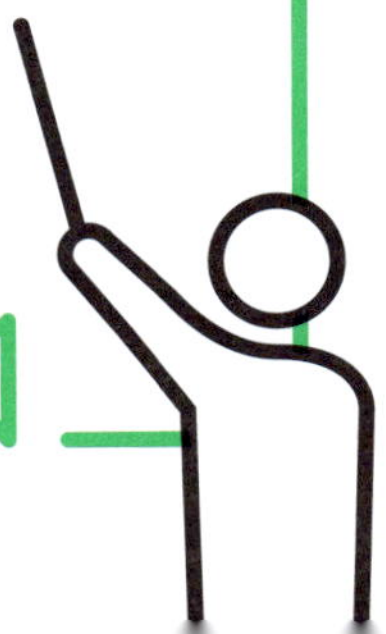

まず、相手が質問に答えるときに、自分の考えを自覚することが挙げられます。第3章でご紹介した自分の思考を紙やノートに書き出すというのと同じで、自分の考えを意識的にまとめている人は少ないのです。

思考は頭の中で事前にまとまることは少なく、アウトプットするときにはじめて形になります。逆にいえば、アウトプットしない限り、思考は実際にはまとまりません。

相手に頭を整理してもらうためには、相手に話をしてもらうことが一番です。

そのために最適な手段が「質問」なのです。

質問に答えた相手は、自分の発言で、自分の本当の考えや気持ちを自覚します。最初に思っていたことと、質問に繰り返し答えていった先にある答えが異なることは多くあります。

たとえば、「運動が嫌いだ」と思っていた人が、よくよく質問して話を深めていくと、「走ることが苦手」なだけだった、と気づいたりします。

「相手に、自分の思考を自覚してもらう」ということは、相手の思考を整理することそのものなのです。

もうひとつの効果として、相手が自分で口にしたことは飲み込めないために、自然と筋道が生まれるということがあります。たとえば、何かお困りごとはないかと質問された人が「実は、腰痛がツラくて悩んでいるんですよね」と口にしたとします。

この発言は、基本的には取り消せません。

そこですかさず、営業マンが「じゃあこういった商品はいかがでしょうか」と提案すると、「いや、必要ないです」とは言いにくくなります。

なぜなら、一度出した「腰痛がツライ」という言葉を飲み込むことはできませんし、自分の言葉に嘘をついたことになってしまうからです。

「売れる営業は聞き上手」といわれるのは、相手が言ったことの筋道に沿って話ができるからです。逆に、相手に話させずに話しまくる営業マンが売れないといわれるのは、相手にとっては筋が通らない一方通行の説明に終始するからです。

さらに、一方的に説明するよりも、相手に質問をすることで、相手から情報が得られます。

何度もお伝えしているとおり、説明は「相手の聞きたいこと」を話すことが重要です。自分本位の説明では、意味がありません。

質問をすることで、相手の求めていることを聞き出しながら、説明の方向性を修正していくことも可能になります。

「相手が本当に求めていること」を探す

このように、常に「相手の頭の中を整理する」ように意識することが、上手な説明を実現するためには欠かせません。

たとえば、一泊二日の家族旅行でどこに行くか決めかねている人がいるとします。その家族は、一案として、東京ディズニーランドが挙がったものの、本当にそれでよいのかは悩んでいます。

もし、あなたが旅行会社の窓口にいるとしたら、どのように会話をするでしょうか。

私であれば、このように話を始めます。


「ディズニーランド、素敵じゃないですか。何か気になることがおありですか？」

「そうなんですよ。子ども連れだと楽しめないと思うんです」

この時点で、ひとつヒントが得られました。この方は、「ディズニーランドは子どもも連れでは楽しめない」と考えているわけですね。

「なるほど。それは、お子様が楽しめない、ということですか？　それとも、ご両親が楽しみにくいということでしょうか？」

「そうですね。両方ですね。上の息子が小学校低学年で、あまり長時間、行列に並ぶのは難しそうです。また、下の子のベビーカーを押しながら混雑したテーマパークを歩くのは、僕と妻も疲れてしまうだろうなと思います」

長時間待つのは、確かに大人でもツライですね。そこで、次の質問です。

「ちなみに、なぜ、ディズニーランドが候補に挙がったのですか？」

「子どもがいない頃に、夫婦2人で、年に一度行っていたんです。ただ、子どもができてからは、なかなか行く機会がなくて、いい機会かなと思ったのですが」

このご家族の場合は、お子さんがディズニーキャラクターを好きということではなく、ご両親がディズニーランドに思い入れがある、ということのようです。

「なるほど。ちなみに、息子さんには、好きなキャラクターや、興味をお持ちのことが、おありなのですか？」

「親バカかもしれませんが、絵とか彫刻とかを見るのが好きなようです。エッシャーの画集をずっと眺めていたりしますね」

この時点で、相手の頭の中には、

- **混雑した場所に行くなら、もう少し子どもが大きくなってからのほうがよさそうだ**
- **ディズニーランドには、両親だけで行く機会を作ったほうがいいのかな**
- **子どもと一緒に行くのだから、子ども中心で考えてみてもいいかもしれない**

・息子には意外な趣味があったから、そういうものも悪くないかもしれない

ということが浮かんでいると考えられます。

そこで、その内容をふまえて、私の考える旅行プランを説明していきます。

「なるほど。お話をおうかがいする限りでは、ディズニーランドは、もう少し、お子様たちが大きくなられてからのほうがよろしいかもしれませんね。

息子さんの興味が、絵画や彫刻などということでしたら、箱根の『彫刻の森美術館』などいかがですか？

ご家族連れが多く滞在される宿泊施設も近くにございますので、小さいお子さんとご一緒でも過ごしやすいかと思います。

ディズニーランドには、別の機会にご夫婦で行かれるのもよろしいかもしれませんね。

ただ、お孫さんと過ごしたいという祖父母の方とご一緒にご滞在される方もいらっしゃいます。そういう方向けに好まれる、複数のお部屋が連結された、コネクトルー

ムをご用意する、こちらのプランなども検討されてみてはいかがですか？」

つまり、今回の例では、次の順番で説明を行ったことになります。

・まず、質問によって相手が考えている内容を言語化させ共有する
・共有した内容をふまえて、要望に合いそうなプランを紹介する
・加えて、整理した要望とは外れるかもしれないが、当初のディズニーランド案をアレンジしたプランも紹介する

このように、相手の頭にある考えをうまく引き出しながら、自分の伝えたい内容を組み立て、それをしっかりと伝えていくことも、上手な説明のコツです。

Point

質問をして、相手がほしい情報を見つけ出す

「相手の立場になって考える」の本当の意味

「相手の立場に立って考える」という言葉があります。

この言葉は、接客などのサービス業の世界でよく使われるように思いますが、実際には、すべてのビジネスパーソンにとって極めて重要な警句です。

当然ながら、本書で取り扱う「説明する」場面においても、例外ではありません。

考えてみれば当然ですが、ビジネスパーソンというのは、あるときは「売り手」であり、別の場面になれば「買い手」でもあります。あるいは、あるときは「上司」であり、別の視点では「部下」です。

限られたごく一部の人を除いては、状況に応じて、さまざまな役割を「演じ分ける」ことが求められています。

ここで何が言いたいかというと、**立場には強さがある**、ということです。

端的にいえば、「強い立場」か「弱い立場」です。

売り手と客であれば、基本的には売り手のほうが立場は弱いといえます。

上司と部下であれば、上司のほうが強い立場で、部下が弱い立場でしょう。


この2つの立場があるわけですが、「相手の立場になって考える」と一言でいっても、実はやるべきことは違ったりします。

自分が弱い立場のときは、相手が求めているものを想像する

部下あるいは、売り手という立場のときに、「相手の立場に立つ」ということは、どういうことでしょうか。

それは「上司やお客さんが、〝求めているもの〟を想像する」ということです。

相手が知りたいと思っていることは何か。

相手が聞きたいと思っていることは何か。

それを想像してみることが大事です。慣れないうちは難しいかもしれませんが、日常的に意識していくと、できるようになります。

大事なのは**意識的に行うこと**です。

常に、真剣に「この人は、何を求めているのだろうか」と想像し、また、それが合っていたかどうかを検証していくことが必要です。

自分が強い立場のときには、過去の自分を思い出す

一方、強い立場の場合はどうでしょう。

自分が強い立場のときは、相手の気持ちに配慮する必要はありません。買い手と売り手の関係性でいえば、多くの場合、買い手は売り手に忖度《そんたく》したりしません。

しかし、考える必要がなくても、考えたほうが説明はうまくいきます。

会社の上司、部下というような「自分がかつて通った道」の中にあるパワーバランスの場合であれば、過去の自分を振り返り思い出してみるといいでしょう。

「自分が、この部下の立場だったときに、どういうことで困ったか」

と考えるのです。

たとえば、自分が若手だったときに、上司からの指示に対して「わからなかったこと」は何かなかったか、「聞きにくかったこと」はなかったか、と考えます。

あるいは、自分が買い手の場合にも、自分が売り手の立場だったときに、お客さんの要望で「伝わってこなかったこと」だったり「勘違いしてしまったこと」はなかったかを考えます。

これができると、ミスコミュニケーションが激減し、チームとしての生産性が上がったり、納期の遅れがなくなったりすることにつながります。

自身の立場がどうであっても、自分とは異なる「相手の立場」を想像しましょう。

相手の立場に立ったとき、事前に与えられている情報だけでは不十分だとわかった場合、それを先に伝えることで、同じスタートラインに立つことができます。

もし、うまく想像できないようなら、「相手の頭を整理しながら話す」でご紹介したように、相手に質問を投げかけるといいでしょう。

子どもは、「エスカレーターで、身を乗り出してはいけない」だとか「電車の連結部で遊んではいけない」だとか「公共の場では、大声で騒いではいけない」ということを理解できません。

最初の2つは「ケガをする可能性がある」「ケガをしたら痛い」「大ケガになると親が悲しむ・親に迷惑をかける」というようなことを想像できないのです。

また、最後の例では「周囲の人が、どう感じるか」を想像できないわけですね。

基本的に、ビジネスにおいても「相手の立場を想像する」ということができない人は、オコチャマです。電車で走り回る子どもと、本質的にはなんら変わりません。

相手の立場をしっかりと想像し、その人が必要とする情報を見極め、それを補完することで、あなたが伝えたい内容を理解してもらうことができるはずです。

Point

相手の立場に対する想像力が、説明の精度を高める

「フレームワーク」で相手の思考を整理する

相手の頭の中身を引き出し、整理するには、フレームワークを活用して、全体を定義していくアプローチが有効です。

ＭＥＣＥ（ミーシー）という言葉をご存じでしょうか。Mutually Exclusive and Collectively Exhaustive の頭文字を取った用語です。意味としては「相互に排他的であり、かつ、完全な集合」という状態を指しています。

もっと平易にいえば**「モレなし、ダブリなし」**。**つまり、すべての要素が入っていて（完全な集合）、何も重複していない（相互に排他的）**ということです。

コンサルタントが使うフレームワークは、このＭＥＣＥを担保しているため、思考の整理に重宝します。有名どころでいえば、３Ｃ、４Ｐ、５Ｆｏｒｃｅｓなどがあります。

3C：自社・顧客・競合の3つに分けて物事をとらえる
4P：商品やサービスを理解する際に「Product（製品）」「Price（価格）」「Place（流通）」「Promotion（販促）」という4つのPで考える
5Forces：経営環境における5つの力のこと。「売り手（供給者）」「買い手（顧客）」「競合」「新規参入」「代替品」の5つの視点で整理する

これら以外にもフレームワークの種類はたくさんあり、世の中にいくつも書籍が出ています。

ほかにも知りたい方は、そちらで学んでいただくとして、今回はこれらのフレームワークをうまく使って、相手の頭の中を整理していくことについて考えていきましょう。

説明に使えるフレームワーク

名称		
3C	4P	5 Forces
説明		
自社を取り巻く環境の状況を、3つの“C”に分類	マーケティングにおける重要な要素を、4つの“P”で表現	経営環境に大きな影響を与える要因を、5つの“力”で整理
イメージ		
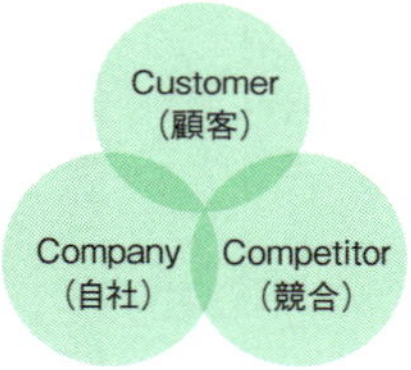	Product（製品） Price（価格） Place（流通） Promotion（販促）	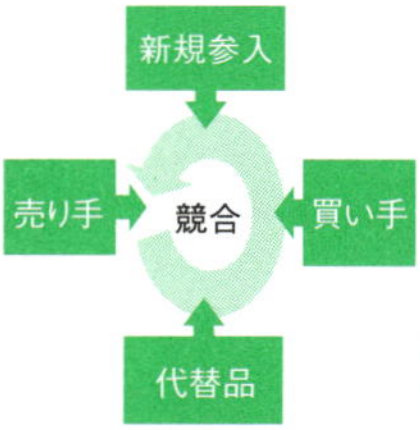
たとえば		
【何が起きている?】 **Customer:** 購買意欲が下がっている、安い商品を好みがち **Competitor:** TV-CMを投下、低価格品を積極導入 **Company:** 高価格品に強み、シェア低下中	【売上げ向上のためには?】 **Product:** 新機能を搭載した新商品を出す **Price:** 値上げする **Place:** 新しい販路を作る **Promotion:** 広告を打つ	【トヨタ自動車の脅威は?】 **競合:** ホンダ、BMWなど **売り手:**部品メーカー **買い手:**ディーラー、消費者 **新規参入:**テスラ **代替品:** タクシー、バス、カーシェアリング、VRなど

決して勘違いしてはいけないのは、「フレームワークは万能ではない」ということです。

フレームワークそのものは、MECEであり、全体を定義してくれますが、大切なのは、そのフレームワークを適切に使いこなすことです。

知識としてフレームワークをため込んだことに満足するのではなく、フレームワークを実践的に使うことを通じて、その使い方を自分のスキルとして体得していくことが、あなたの説明力を下支えしてくれるのです。

具体的な例で考えてみましょう。

自社が新発売する業務用洗濯洗剤が、他社の競合商品や自社の従来品に比べて、どのように優れているのかを説明するシーンを考えてみてください。

当然ながら、聞き手に対して「違い」「優れた点」を説明するわけですが、そこにはさまざまな内容が含まれているはずです。

たとえば、

・1リットルあたりの単価が安い
・少量で、汚れがよく落ちる
・パッケージが小さく、保管がラク
・植物由来で、安心・安全
・防臭効果・防カビ効果がある
・定期お届けサービスなら、発注の手間いらず
・定期お届けの契約で、5％OFFとお買い得
・お試しプランで、初回半額
・香料不使用で、食品を取り扱う業務にも最適
・油汚れに強い、色シミを落としやすい

これを、4Pの視点で分類して、説明してみましょう。
顧客は、飲食店チェーンの本部ということに設定します。

【Price：価格】

弊社の新商品は、価格面で非常にメリットがあります。

1リットルあたりで従来品よりも〇〇円安いことに加えて、××%少ない量で、同じ洗浄効果を得られます。


【Product：製品】

また、洗浄力に加えて、防臭・防カビ効果も加わっていて大変機能的ですし、油ジミにも強く、醤油などの色ジミも落とします。

さらに、植物由来の成分のため、食品を扱う皆様にも安心・安全だと好評いただいていますし、香料を一切用いておりませんので、料理の香りを邪魔しません。

少量で同じ効果を得られることから、パッケージが小さく、保管場所に困りません。

【Place：流通】
定期お届けサービスをご用意していますので、定期的に商品がお手元に届きます。追加発注の手間を削減します。

【Promotion：販促】

定期発注サービスにご登録いただければ、商品代金が毎回5%OFFとなります。今なら、お試しプランで、初回購入分は半額になります。

つまり、**価格=安い、製品=高機能、流通=勝手に届く、販促=今ならお買い得**という4つのメッセージを伝えているわけですね。

このように、適切なフレームワークを用いて情報を整理しながら説明すると、聞き手の頭の中に構造を作りやすくなり、理解促進に役立ちます。

Point

フレームワークを使うと、相手の頭の中を構造化しやすい

4Pで情報を整理する

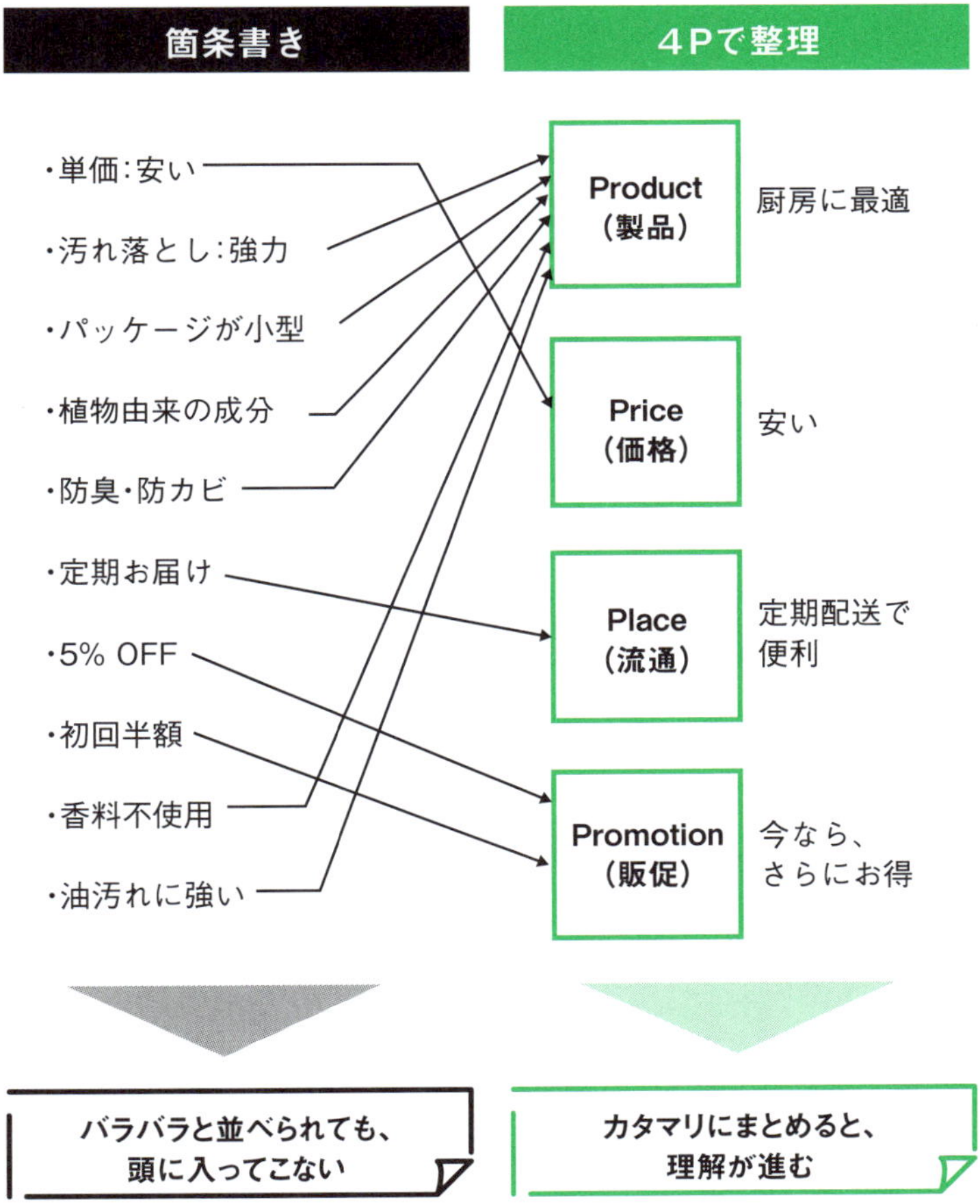
箇条書き
4Pで整理
・単価:安い
・汚れ落とし:強力
・パッケージが小型
・植物由来の成分
・防臭・防カビ
・定期お届け
・5% OFF
・初回半額
・香料不使用
・油汚れに強い
Product（製品）
厨房に最適
Price（価格）
安い
Place（流通）
定期配送で便利
Promotion（販促）
今なら、さらにお得
バラバラと並べられても、頭に入ってこない
カタマリにまとめると、理解が進む

第5章

印象に残る伝え方のコツ

相手に響く説明をするために大事なこと

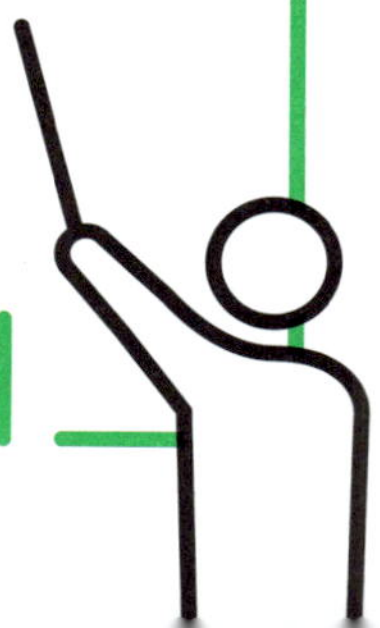

ここまで、説明の順番というテーマでお伝えしてきましたが、ここからはより相手に伝わり響く説明のコツをご紹介していきましょう。

最初にお伝えしておきたいポイントは、

「伝えたい情報をどれだけ詳しく持っているか」

ということです。

何かを説明するということは、先にも述べたとおり、相手が知らないことや理解していないことを、わかりやすく言葉で伝えることです。

つまり、自分がしっかりとその情報を知っていることが前提にあります。営業マンであれば、どれだけ専門的な知識を持っているか、質問されてわからないことがないか、などが重要です。当たり前のことのようですが、案外できていない人も多いです。

たとえば、日本経済の問題点を説明する場合、何が問題なのかということについて、自分なりの主張を持っていたとしても、その背景にある情報や知識がなければ、うまく説明することはできません。


当然ながら、**「自分が持っている情報量」でしか説明できない**のです。

もちろん、自分が持っている情報のすべてを相手に伝える必要はありません。それこそ相手が知りたいことを状況や必要に合わせて、伝えていけばいいでしょう。

大事なのは、説明する情報の密度と精度を高めることが、相手に必要な情報を伝えるための適切な説明につながる、ということです。

大事なのは調べること

「皆こう思っているけど、事実は違う」と伝える場合もあります。

この場合は、事実を知らなければ、何も説明できません。

先に挙げたタウリンの例もそうですが、タウリンの知識なんてほとんどの人が持っていません。テレビＣＭのイメージで、「栄養ドリンクに入っている何か」くらいの認識しかないでしょう。

これをよくわからない状態で説明しようとしても無理があります。

説明するためには「わかっている」状態になっていなければなりません。

池上彰さんや戦略コンサルタントが説明上手、わかりやすい、面白いと言われるのは、**ほかの人が知らないことを自分なりに理解しているから**です。


説明上手というのは、伝え方がうまいだけでは不十分です。

伝え方がうまいのと同時に、その知識を十分に持っていることが大切です。

もちろん、すべての領域において博識でなければいけないというわけではありませんが、何かを説明しようと思ったら、それに必要な情報を集める必要があります。


そこで大事なのは調べることです。

戦略コンサルタントが最初に調査や分析から入るのはそのためです。徹底的に事実や現状を調べることで、いい説明ができるようになります。

説明上手になるためには、

- **最初にしっかりと調べる**
- **考えている最中に気になったことも追加で調べる**
- **なんとなく理解したままで終わらない**

ということが大事なのです。

Point

説明上手への道は、徹底的に調べることから始まる

うまく端折る技術

第1章で「専門家の説明がわかりにくい」というお話をしましたが、ここでは、その対処法について考えていきます。

説明の目的は、相手にその内容を理解してもらうことにあります。

その際、**「相手に、どの程度の細かさで理解してもらいたいのか」を正しく定義する**ことができれば、わかりにくい説明から脱却できます。

伝えたいという思いが強ければ強いほど、どうしても必要以上に細かいことまで説明し、理解してもらおうとする、という傾向にあります。

・レストランで店員が「本日のおすすめメニュー」を、素材の産地から調理法にいたるまで事細かに説明したが、顧客には覚え切れず、逆に何を頼むべきか迷わせる

・新しい機器や、アプリケーションの使い方を網羅的に解説しようとしたため、誰にも読まれないマニュアルが完成する
・担当するすべての顧客の、すべての取引を逐一上司に報告しようとして、「お前はいったい何が言いたいんだ？」と言われる

このように、細かすぎる説明は逆に伝わらなくなります。

食材の産地は重要ですし、シェフのこだわりもあるでしょう。しかし、お客さんにとっては「どこ産であるか」よりも「美味しいかどうか」が重要です。

新しい機器やアプリケーションの使い方も正確に記したほうがいいに決まっていますが、最低限の使い方を理解してもらって、すぐに使ってもらうようにしたほうが、よっぽど有益です。

個別の顧客との取引状況は、営業マン個々人にとっては非常に大切な情報ですが、あなた以外にも多くの部下を抱えている上司が、部下全員が担当しているすべての顧客との全取引を熟知するのは、現実的に難しいです。

もっと「粗いレベル」での理解でいいはずです。

また、**「大きな方向性から理解してもらう」**ことも大事です。

最終的には、細かい数字や状況を、正確に理解してもらう必要があるとしても、最初から100％の正確性で理解してもらおうとすると、より多くの周辺情報・前提情報を伝える必要が出てきてしまい、説明が長くならざるをえません。

そこで、まずは大枠を伝えるのです。

たとえば、場所を伝えるときも、「西か東かでいえば、まずは西方向」ということを伝え、その後、「北西方向に500m行ったあたり」というような細かな説明を追加して、理解していってもらえばいいのです。

具体的な例を挙げてみましょう。

- **「5％安いのか、3％安いのか」と話す前に「従来品よりも安い」と伝える**
- **「A支店は95％達成、B支店は102％達成、C支店は108％達成……」とすべてを細かく報告する前に「15支店中13支店は目標達成」（あるいは未達のほうを強調したいなら「2支店が未達のため、対策を講じる」）という全体像を伝える**
- **「まず、現場担当がチェックして、それを同僚がチェックし、それをチームリー**

ダーがチェックし、係長が承認したものを、課長がダブルチェックする」、と説明する前に「現場から管理者まで五重のチェック体制を敷いている」と伝える

ほかにも、レストランの例であれば「お魚を使った料理が3種、お肉を使った料理が2種あります」と説明してから、「お魚はスズキと鯛です。スズキは2通りの調理法をご用意しています。お肉は、牛ホホ肉と鹿肉です」というふうに、順番に説明していくことで、相手の頭の中に、理解の道筋をつけることができます。

このように説明する流れを、大枠から伝え、詳細に入っていくという順番を意識することで、よりわかりやすくなります。

Point

必要な理解レベルを見極めて、おおまかなことから伝える

「粒度」を合わせると、伝わりやすくなる

説明において、物事の「サイズ感・大きさ」をそろえることは、相手の理解の助けになります。これは「レベル感」とか、「粒度《りゅうど》」と呼ばれることもあります。

たとえば、「車」「バイク」「自転車」は、乗り物の種類として同じ粒度です。ここに「バス」や「タクシー」を混ぜると、粒度がおかしくなります。

つまり、包含関係にある（どちらかが、どちらかを内包する）ものが、一緒に並んでいると、違和感が生まれるということです。

160ページで解説した「MECE」を思い出してください。

同じレベルに並んでいる項目の間にダブリがあると、「粒度がそろっていない」と判断できます。たとえば、

「昼ごはん、何にする？　和食？　中華？　ピザ？　ラーメン？　お寿司？」

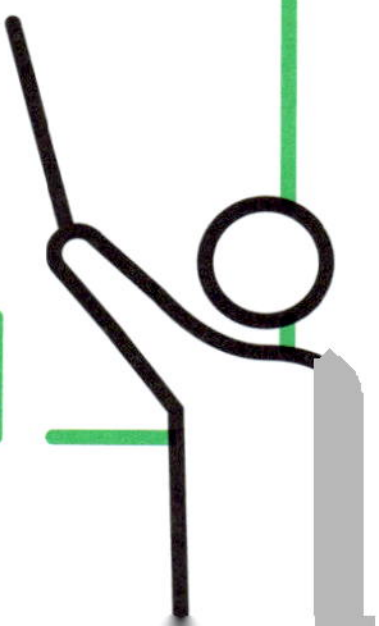

という発言は、粒度という観点からはバラバラです。

これを整えるのであれば、

・和食→定食、寿司
・洋食→イタリアン、フレンチ
・中華→中華、ラーメン

といった具合でいいでしょう。

ラーメンが中華か否かはさておいて、粒度をそろえるという意識が大切です。

もう少しビジネスに即した例で見ていきましょう。

1年間の、各店舗の売上げ結果をまとめて報告する、というシチュエーションで考えてみるとします。

「店舗の売上げですが、全店合計では、昨年より約2割増え119％となりました。

通期の目標であった前年比110％を上回っています。

このうち、新規出店による売上げ増加が11％に相当しますので、既存店だけで見ると、１０８％となります。既存店売上げ目標の１０５％も達成となります。

新規出店の8店舗については、出店後3カ月経過時点を基準として、年度末の月次売上げを5％伸ばすことを目標にして活動していますが、6店舗が目標達成でした。未達の2店舗のうち、○○街道店は××、△△2丁目店は□□という理由があげられますので、来年に向けた改善策を検討中です。

既存店舗73店舗のうち、売上げ増が65店。売上げ減が7店でした。売上げ増店舗の内訳は、１２０％以上の大幅成長が6店、１１０％以上が16店、１０５％以上が31店、１００％以上が12店です。大幅成長を遂げた店の共通点は●●および◆◆と考えられます。売上げが伸び悩んだ店および、売上げ減少になった店に関しては……」

この説明を、粒度という観点で整理すると、次のようになっています。

- 全体：「全店合計」
- 店舗の区分：「新規店」と「既存店」

- 新規店の内訳：「売上げ目標達成店（6店舗）」と「目標未達店（2店舗）」
- 目標未達新店の内訳：「〇〇街道店」と「△△2丁目店」
- 既存店の内訳：「売上げ増（65店舗）」と「売上げ減（7店舗）」
- 売上げ増既存店の内訳：「120％以上（6店舗）」「110％以上（16店舗）」「105％以上（31店舗）」「100％以上（12店）」
- 既存店の内訳：「売上げ大幅増店舗」と「売上げ伸び悩み店舗および、売上げ減少店舗」

この例の肝は、大きなところから、徐々に細かいサイズに落とし込んでいきながら、**対比するカタマリは、同じ粒の大きさにしている**ことです。

このように、粒度をそろえて説明することで、相手の頭の中に、物事を理解するための枠組みを作りやすくなります。

粒度を合わせる方法

粒度をそろえるお勧めのフレームワークは、「ロジックツリー」です。

コンサルタントは、あらゆる物事を構造化してとらえるのですが、その中で代表的なものが「ロジックツリー」です。

どこかに行く、というときに「タクシーで行く」「電車で行く」「歩いて行く」「自転車で行く」「飛行機で行く」という選択肢を思いついたとします。

コンサルタントが、これらの手段をながめるときには、往々にして、

- **ルートの決まった移動手段（公共交通機関）＝電車・飛行機**
- **自由に経路や目的地を設定できる手段＝タクシー・徒歩・自転車**

の2つに分類できるな、などと考えています。

そうすると、電車のほかにバスもあるなと気づいたり、自由に移動できるという観

点では自家用車やレンタカーを使ってもいいな、などと思いついたりしやすくなります。

そこからもう一歩踏み込んで、自由に移動できる手段には「自分で運転するかどうか」という分類軸を考えてみたり、ルートの決まった手段に対しては、自由度の高さという観点から「利便性（運行本数、予約の要否）」という分類軸を考えたりします。

こうして整理したロジックツリーに沿って、粒度の大きいものから順番に説明することで、聞き手は話の全体構造をとらえやすくなり、説明内容への理解が深まります。

ちなみに、4P、3Cなどの「フレームワーク」の構成要素は、粒度がそろっています。粒度、レベル感を合わせることが苦手な人は、フレームワークを使って考えるところから始めてみると、いい訓練になると思います。

Point

ダブっていないか、を確認すると粒度がそろいやすい

ロジックツリー

タクシー、電車、徒歩、自転車、飛行機という選択肢が思いついたら…

1. まず、ロジックツリーで整理する

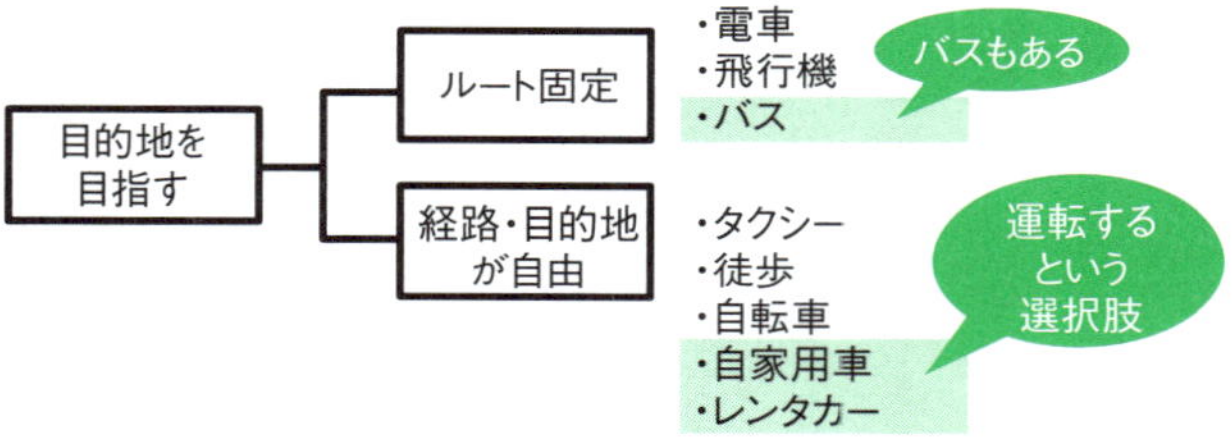

**ほかにも「陸路」「空路」…という区分に
分解していくことで「海路＝船」という選択肢を見つけられることもある**

2. さらに、階層を深めてみる

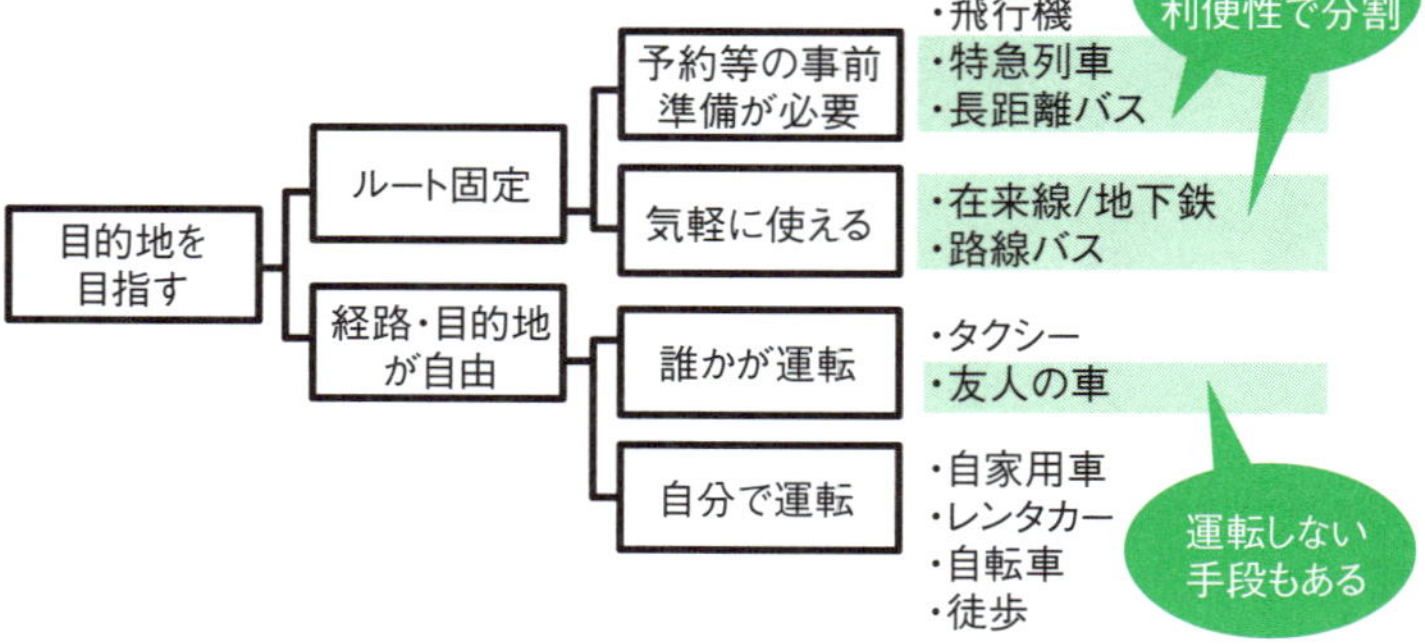

「左から右」の順番で説明すると聞き手の頭の中が整理される

メールでの説明は「条件分岐」を意識する

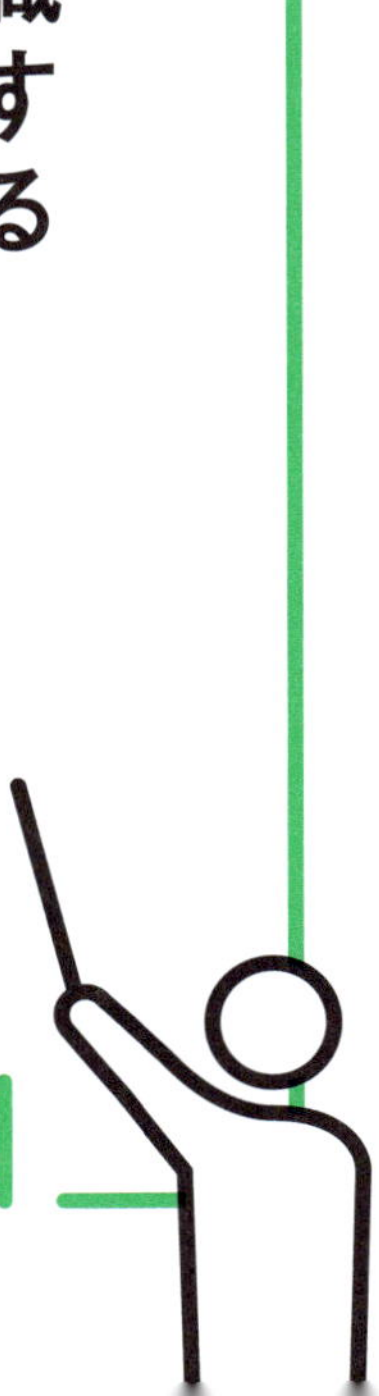

対面での説明の際には、その場で質問や確認をしながら進めていくことができますが、メールなどの一方通行型のコミュニケーションにおいては、「条件分岐」の設定が求められます。

メールは受け手がひとりで読みます。当然、そこに書いてある情報は変化しませんし、受け手も読みながら「何か違う」と思っても、聞き返すこともできません。

こういったメールでの説明は、対面で話すとき以上に気配りが大事になります。

まず基本となるのは、読み手がそのメールを読みながら、何を考えどう感じるかをきちんと想像することです。

メールの場合も、第2章で紹介したような順番で、前提をそろえ、伝えたい結論、理由やその経緯などの補足情報を伝えていけば伝わります。幸いメールでは、文面を練る時間的余裕がありますので、きちんと整理して書くように心がけましょう。

しかし、問題は、相手の考えによって話の流れが影響を受けてしまう場合です。何か行動してほしいことを伝えたときに、相手の判断によって状況が二股に分かれ、複雑化していくことはよくあります。

そういったときには、メールの文面上で「条件分岐」を意識して伝えましょう。「AならばXだが、BならばY」という「条件分岐」を明記するのです。

たとえば、レストランの予約を部下に依頼するケースで考えてみましょう。

・明後日の夜、自社2人、顧客2人の4人で会食を行う
・予算はひとり5千円程度。和食で、個室が望ましい。できれば座敷は避けてほしい
・恵比寿の○○に電話して、奥の個室があれば押さえる。なければ手前の半個室。刺身の盛り合わせをオーダーしてほしい
・そこがダメなら、広尾の○○。2つある個室の大きいほうが空いてなければNG
・どちらも満席の場合は、右の条件に合うところを適当に探してほしい
・明朝には先方に連絡したいので、今日中に予約を完了して、結果をメールで教えて

ほしい

この場合、3つ目のお店を指定した文から後ろが条件分岐になっています（あえて箇条書きにしていますが、実際には文章で書くことが多いでしょう）。

ほかに、業務に直結するような例を挙げるならば、「今日はAというタスクとBというタスクをやる予定だったが、先ほど先輩からCというタスクを振られた」という状況が好例でしょう。

タスクAとBのどちらをタスクCに入れ替えるか。

そして、残ったタスク（AもしくはB）と、新たに追加されたタスクCのどちらを先に着手し、完了すべきか、ということをきちんと文章で伝えられるかどうかが、あなたの説明力を示します。

この「条件分岐」を怠り、一本道の説明にしてしまうと、内容が相手の想定するものと少しでもズレた途端に、そこで相手の理解が止まってしまいます。そうなると、何度もメールをやりとりしなければいけない状態になり、効率が下がります。

相手に効率よく情報を与えるという観点で見ると、いい条件分岐が不可欠です。

この条件分岐の考え方は、対面で説明する際にももちろん有効です。

あらかじめ、どういう条件で、どのような分岐があるか整理し、どういう流れで説明を続けるのかを考えておくことは、説明のシミュレーションになります。

説明がうまい人は、事前に、筋のいい条件分岐を考えているものです。

最初のうちは、できるだけたくさんの分岐を考えて打ち合わせに臨み、どの分岐が正しかったかを検証していくようにしましょう。

Point

相手の頭の中を想像して、話の流れをシミュレーションする

条件分岐

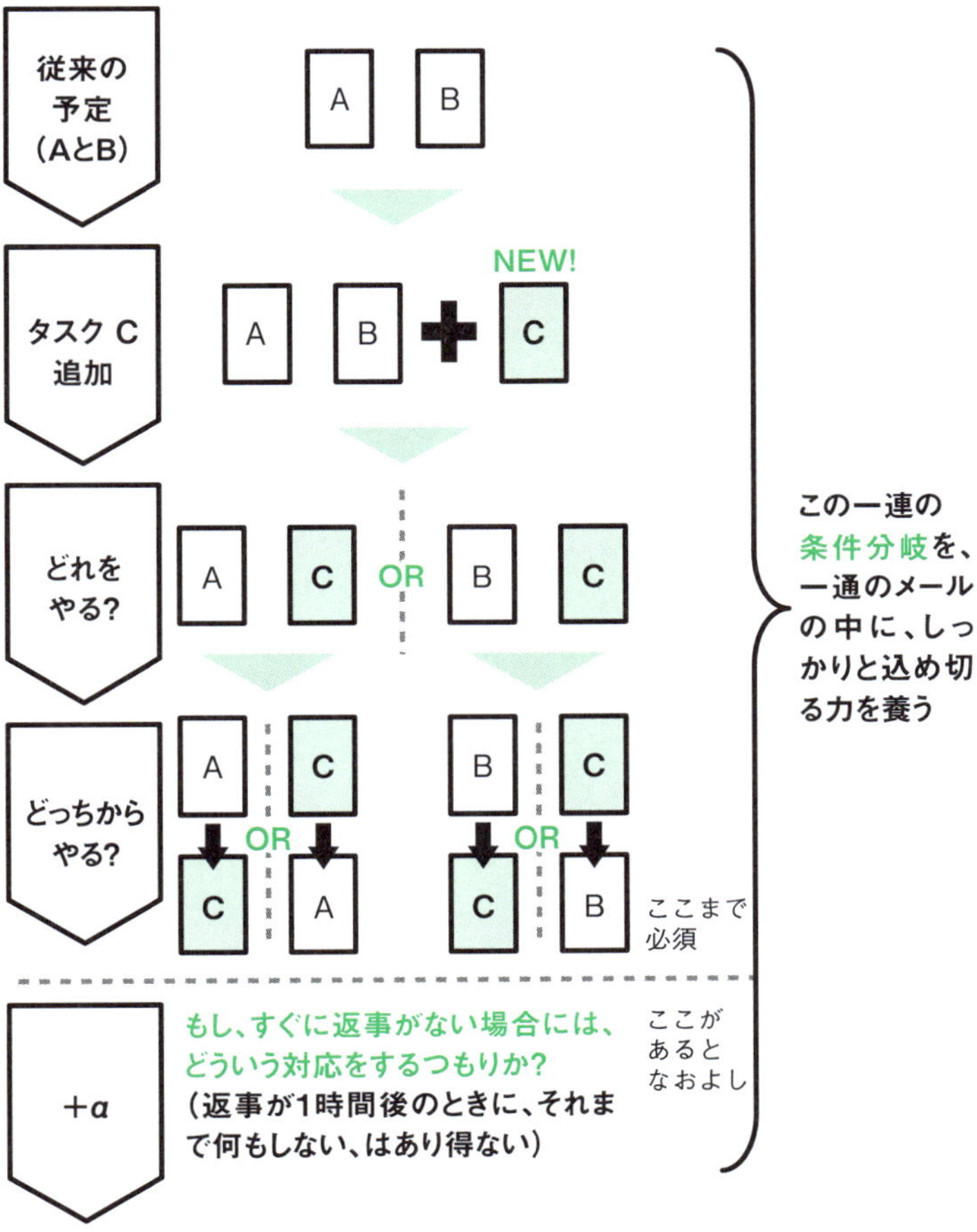
従来の予定（AとB）
A
B
タスク C 追加
NEW!
A
B
C
どれをやる?
A
C
OR
B
C
どっちからやる?
A
C
OR
C
A
B
C
OR
C
B
ここまで必須
+α
もし、すぐに返事がない場合には、どういう対応をするつもりか?
（返事が1時間後のときに、それまで何もしない、はあり得ない）
ここがあるとなおよし
この一連の条件分岐を、一通のメールの中に、しっかりと込め切る力を養う

たとえる力
アナロジーを使いこなす技術

会話の中で「それは要するに、〇〇みたいなもんだよ」というような表現を使うことがあると思います。この「〇〇みたいな」という比喩表現が「アナロジー」です。

わかりやすくいえば「たとえる力」です。

相手が知らない、もしくは理解していないことを説明するときにおいては、この「たとえる力」がとても強力な武器になります。

相手がAというものを知らないときに、Bという「知っているもの」を例に話すことで、理解しやすくなったり、説明が伝わりやすくなったりするからです。

重要なポイントは、「Aという事象とBという事象の〝似ている部分〟を軸にして、Aを『Bみたい』とたとえる」という点です。そのポイントに着目して、優れたアナ

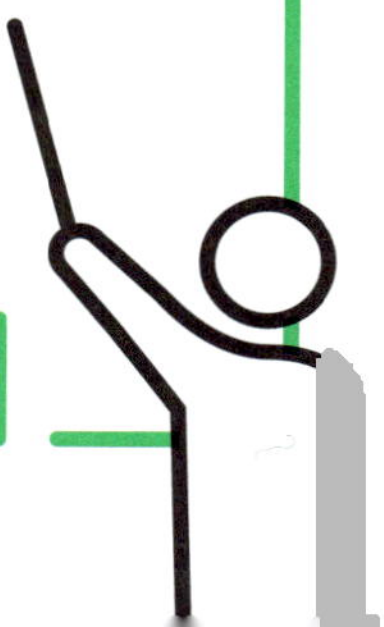

ロジー（比喩表現）の肝を解説していきましょう。

アナロジーをうまく使いこなすための原則が3つあります。

原則1：「相手が理解しているもの」でたとえる
原則2：ちゃんと「似ている」
原則3：意外性がある

ひとつずつ見ていきます。

原則1：「相手が理解しているもの」でたとえる

「Aを『Bみたい』とたとえる」というケースでは、まず、大前提があります。

それは、「聞き手が、Bのことをそれなりに理解している」というものです。

つまり、相手が想像できるもの、すなわち一般的な事象である、もしくは、相手の専門領域や知識範囲・興味範囲に近い事象でたとえている、ということが、「いいアナロジー」の条件となります。

たとえば、ファミコン。一定の年齢以上の人には非常に明確なイメージがあるものですが、特定以下の年齢層にとっては、聞いたことはあるが具体的なものは見たことがない、というような位置づけです。

もし、「ファミコンみたいなもの」という比喩を、ファミコンを知らない人に使ってしまった場合、「ファミコンというのは……」という説明が必要になります。たとえたものを相手がわからなければ、比喩として成立しません。

相手がよく知っているものでたとえましょう。

原則2：ちゃんと「似ている」

当たり前ですが、似ているものでたとえましょう。

それも、説明したいところに関わる「本質的な部分」が似ていることが重要です。

たとえば「マンガって、教科書みたいなものだよね」と言われたとしましょう。おそらく、「いいことが書いてある」「学ぶべきことが多い」というようなことを意図しての発言でしょうが、「それって『似ている』のか?」というと、やや疑問です。

むしろ、同じ「本」というカテゴリーに属しているものである、という〝似ていて当たり前〟の部分を除いてしまうと、

・絵がメインVS字がメイン
・面白いVS堅苦しい
・商業的・マーケティングで訴えかけてくるVS非商業的・強制的に読まされる

という「違い」のほうが目立ってしまいます。

これが、「マンガって、【人生の】教科書みたいなものだよね」であれば、学校の教科書には書かれていない、生きるために必要な情報をマンガが補完してくれる、という観点でのたとえになりますので、いい比喩だといえるかもしれません。

あるいは、「パワーポイントのスライドショーって、マンガみたいなものだよね」という場合はどうでしょう。

「パラパラとページがめくられていく」

「絵や図表を多用して、ビジュアルに理解できるようになっている」

「ストーリー構成が重要で、それがショボいと、飽きられてしまう」

というような本質の部分に共通項がありそうですし、パワーポイントを知らない聞き手が、具体的にイメージしやすい、優れたアナロジーかもしれません。

原則3：意外性がある

とはいえ、そもそも類似する部分が非常に多いものでたとえても、理解は深まりません。「適度に遠い」ことも重要です。

たとえば、「コンビニってさ、自動販売機みたいなものだよね」と言われても「いろんなものを、自由に選べて買える」という意味では〝同じ便益を提供しているもの〟ですから、正直、アナロジーとしてはイマイチな感じを受けます（もちろん、在庫管理の難しさなどの特徴的なポイントを指して〝自動販売機と同じだ〟と言っているような場合は、うまいアナロジーになる可能性はあります）。

また一方で、「コンビニって、アメリカンフットボールみたいなものだよね」と言われると「ん？」となります。

この2つは、小売店とスポーツ競技ですから意外性があるわけです。

やや強引ではありますが、原則2にしたがって説明するなら、

「アメフトはさまざまな〝得意領域〟に限ったトップクラスの能力を持つ選手を集めてチームを構成する、コンビニも食品・医薬部外品・化粧品・雑誌・アルコール・タバコ・各種金券類などのいろんな〝特徴・特長〟を持った商品群から優れたもの、売れ筋だけを選び抜いて、店舗としての価値を構成している」

というような説明になります。

しかしながら、この例は、原則1の「『相手が理解しているもの』でたとえる」という観点からは、アメフトファン以外には通用しないことになるので注意が必要です。

反対に「アメフトって、コンビニみたいなものだよね」のほうが、原則1の観点からは優れたアナロジーということになります。

「ある事象のすべての側面を、きっちり説明できるアナロジー」はありません。

もし、そんなものがあるならば、その2つの事象は「まったく同じもの」です。

そもそも、アナロジーとは「似て非なるもの」を示しているのではなく、「もともと〝非〟なのだけど〝似ている〟もの」を持ってきているわけですから、違っていて当然なのです。

したがって、現実的には「自分が説明したいところ」を絞って、「その部分の説明に適したアナロジーを見つける」ということが重要なポイントになります。

そのあたりを意識しながら「アナロジーをうまく使う」ということができれば、相手の理解度がグッと上がる、という結果につながります。

Point

本質的に似ていて、相手がよく知っているものでたとえる

第6章

説明力を磨く 思考習慣&トレーニング

思考の習慣を磨けば、説明力は自然と高まる

本章では、ここまでに説明してきた「説明力を上げるコツ」にまつわるスキルを磨くトレーニングについて解説します。

私は、思考が固定化・硬直化しているな、と思ったときに、カラーベイジング（color bathing）にトライします（カラーバスとも呼ばれるみたいですね）。

これは、お風呂に入るように色を浴びる、という意味なのですが、「特定の色を探す」と決めて周囲を見回してみる活動です。

実際に「赤を探す」と決めて街を歩くと多くの赤いものが目に入ります。しかし、「黄色を探す」と決めた途端、同じ街並みにもかかわらず、今度は黄色いものがたくさん目に入ってくることに驚きます。

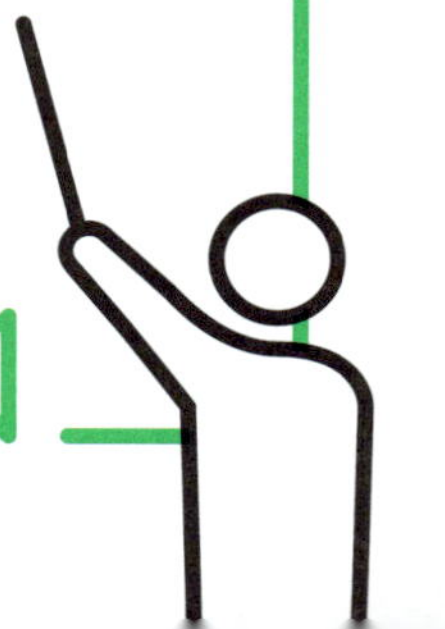

これにより、自分がいかに視野狭窄《きょうさく》におちいっていたのかを思い知るわけです。

さらに、応用として、「外国車を探す」、「ペットの犬を探す」、「自動販売機を探す」、「人物写真を使っている広告を探す」など、探す対象物を変えていくと、世の中の見え方が変わります（平日の昼間に、東京のど真ん中のオフィス街をペット連れで歩いている人が、意外と多いんですよね）。

日々接しているこの世界は、とらえ方を変えるだけで、学びの宝庫です。私たちが心がけるべきは、日常生活のそこかしこに転がっている「説明がうまい人になるチャンス」を、逃さないように努力し続けることなのです。

スキルアップには近道はありません。日々、意識して訓練するしかありません。ローマは一日にして成らず、なのです。

Point

日常的に思考訓練をしていこう

伝える内容を「要素」に分解する①
単語分解

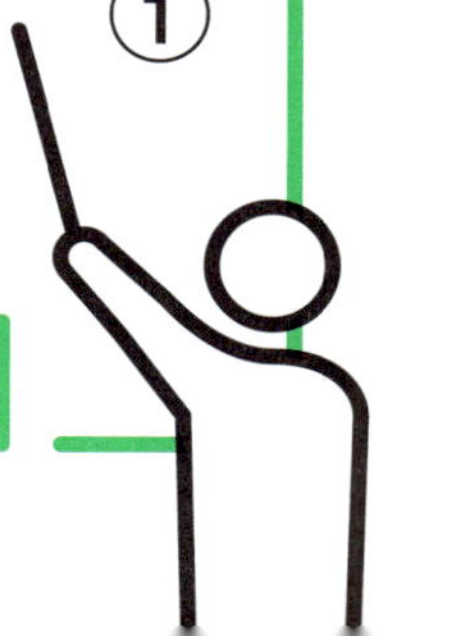

物事を構造的にとらえるためには、まず、要素分解する必要があります。物事を細かな要素に分割した上で、その要素の共通項を見出していくことで「本質」を見抜いて、構造化していくわけです。

そのために、物事を要素に分解する訓練から始めましょう。

ちなみに、「分解する」というと最初に思い浮かぶのは、ロジックツリー、イシューツリーでしょう。これは基本の「キ」となる考え方です。

このあたりは、世の中に良書がたくさんあるのでそちらをご参照ください。

バーバラ・ミントさんの『考える技術・書く技術』（ダイヤモンド社）や、齋藤嘉則さんの『問題解決プロフェッショナル』（ダイヤモンド社）あたりをお読みいただくといいでしょう。

詳しい説明は良書にゆずるとして、ここではもう少しカジュアルに要素分解をしていきます。

文章を単語ごとに分解する

文章を単語に分解する、これがもっとも汎用性が高い「分解」です。

たとえば、課題に対する打ち手を考えるときに「その打ち手は課題にミートしているのか？」をチェックするような場合、「文章を分解する」がお勧めです。

具体例を出しましょう。以前、業務改善について討議している際に、チームメンバーから次のような「課題」と「打ち手」が提示されたことがあります。

課題：アウトプットイメージが事前に共有されておらず、作業実施後にズレが判明して手戻りになる
打ち手（案）：依頼されたら、アウトプットイメージを速攻で打ち返す

ここでは、打ち手の文章を分解してみましょう。

「依頼されたら」「アウトプットイメージを」「速攻で」「打ち返す」となります。つまり、

「依頼されたら」「打ち返す」

「アウトプットイメージを」「打ち返す」

「速攻で」「打ち返す」


という構造になっているわけですね。これを読み解くと、

「依頼されたら」「打ち返す」↓依頼されることが前提になっていていいの?

「アウトプットイメージを」「打ち返す」↓〝アウトプットイメージ〟ってなんなのかよくわからないけど、大丈夫?

「速攻で」「打ち返す」↓スピードは本当に重要なの?

といった疑問を感じます。

ちなみに、このケースでは、スピードは重要ではなく、また、自発的な行動も求められていたため「打ち返す」という表現も不適切でした。

そういったレビューの結果、この打ち手は、

- **打ち手①：作業着手前に「狙い、仮説、現状わかっている情報、現時点で必要と認識している追加調査項目、関連する情報や補足する情報」を一覧にしてすり合わせる**
- **打ち手②：上記の追加調査完了時点で、仮説の見直しの要否について再検討し、骨子を設計する**

ということになりました。

この「文章を単語に分解する」というアプローチは、言葉に対してきちんと向き合うことを意味します。

そもそも、言葉というのは抽象概念を、先人たちが頑張って形にしてきたものです。「言葉で正確に表現する」ということが、コミュニケーションの基本です。ここを鍛えることが思考力を強化し、説明力の底上げにつながります。

誰かから作業指示を受けたり、反対に、誰かに作業指示を行ったりする場合には、**その内容を「単語」に分解して、その作業の本質は何なのか、を考え直してみる**ようにしましょう。

Point

言葉を分解するクセをつけると、表現力が磨かれる

単語分解

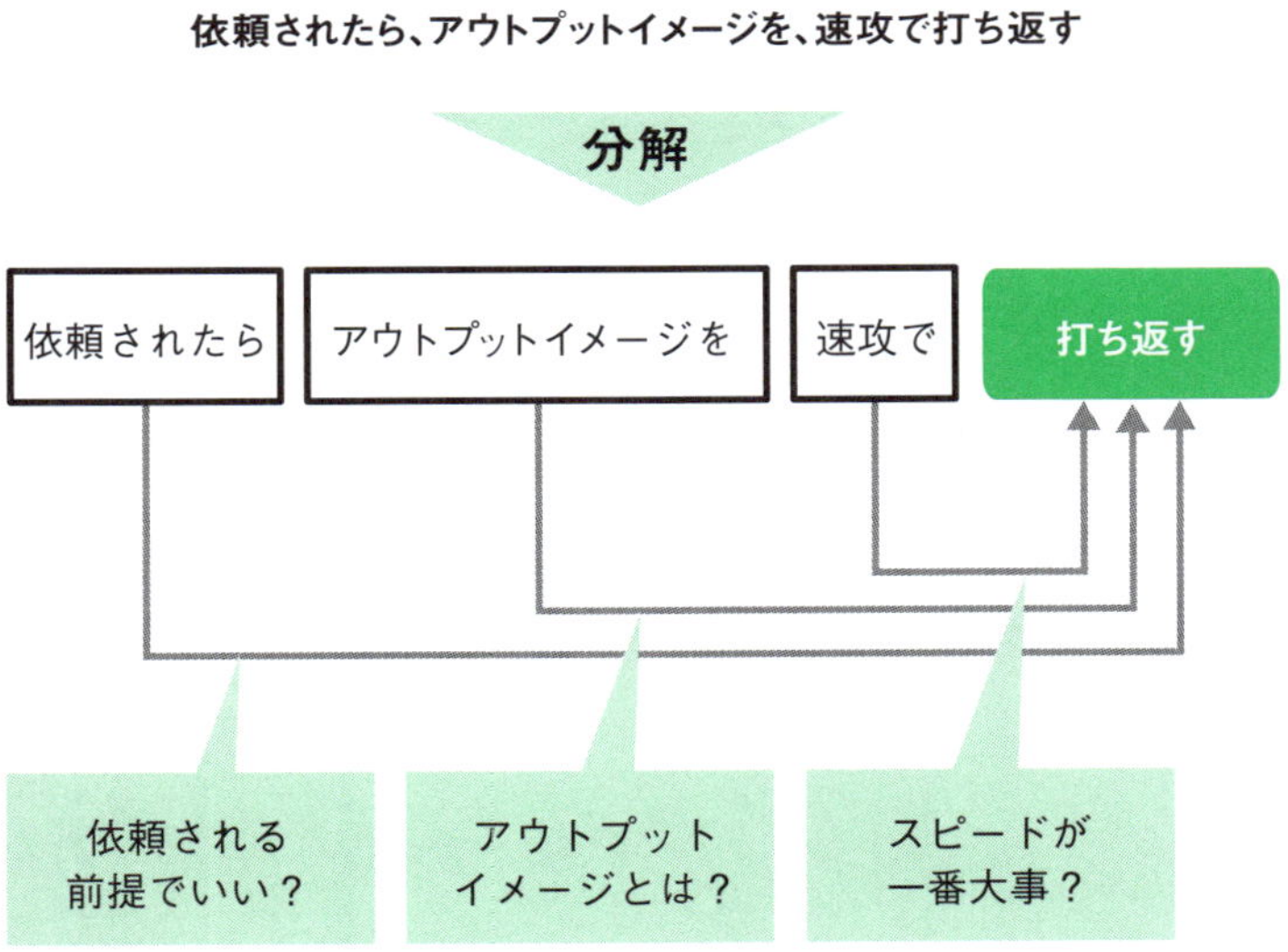

言葉と真摯に向き合うことで
正しく情報を伝える姿勢が磨かれる

伝える内容を「要素」に分解する②
プロセス分解

続いては、「事象をプロセスに分解する」です。

今回は、トレーニングということで、少しカジュアルなテーマでトライしてみましょう。

たとえば、「社員全員参加のクリスマスパーティーを企画してください」と言われたときに、あなたなら、どういうふうに考えますか？

まずは、前項の〝単語分解〟を行います。

「社員」「クリスマスパーティー」「企画」ですね（この時点で、たとえば「社員」の定義が不明確なことがわかります。「正社員だけ？」「契約社員・アルバイトも？」「家族なども対象？」などを決めておく必要がある、と気づけるでしょう）。

その上で、取り扱う事象を明確にします。

では、「クリスマスパーティーの企画」とは具体的にどういうことなのでしょうか？　時系列に発生するプロセスに分解してみましょう。

「クリスマスパーティー運営」のプロセスを分解してみると……

幹事をやったことのある人なら常識だと思いますが、「パーティー」を時系列に砕くと、下記のような流れになります。

周知・集客→受付→乾杯→偉い人の挨拶→歓談・食事→現地イベント（ゲストなど）→閉会→追い出し→支払い

閉会後に会場から追い出すのが大変なんですよねー、などという苦労話は置いておいて、これらを見ると、それぞれのプロセスで発生する「タスク」が洗い出せます。

・周知・集客→参加者への周知が必要
・受付→当日支援メンバーが必要
・乾杯→お酒が必要、偉い人への依頼が必要
・偉い人の挨拶→偉い人への依頼が必要
・歓談・食事→食事の手配が必要、会場内の配置確認（椅子の要否など）が必要
・現地イベント（ゲストなど）→イベント手配が必要、会場内の設備・配置確認（プロジェクターなど）が必要
・閉会→時間設定（会場打ち合わせ）が必要
・追い出し→当日支援メンバーが必要
・支払い→人数の確定、予算等の検討が必要（会費の要否も含めて）

このように、細かくプロセスに分解することで、具体的なタスクを洗い出すことができるのみならず「どういうタスクで構成されているか」という視点で、パーティーの企画業務をとらえ直すことにつながります。

【「企画業務」のプロセス分解】

別のアプローチとして、「企画する」という業務そのものを時系列で砕く、というものもあります。

人数・予算の概算把握→会場仮押さえ→参加者向け周知→現地でのイベント検討・手配→会場との打ち合わせ→参加人数確定→当日受付→当日進行→会計処理→次回申し送り事項の確認

このアプローチで砕いても、先の分解とだいたい同じ「タスク」が出てきます。今回のパーティーの例でいえば、どちらでも、自分がイメージしやすいほうで砕ければ大丈夫なのですが、テクニックとしては、両方できるようにしておくべきです。

というのも、業務そのものを理解している場合には、後者の「業務のプロセス分解」のほうが効率はいいのですが、業務理解が少ない、初めて取り組むような業務の場合には前者のような、「その事業そのもののプロセス分解」から始めることになるからです。

世の中の「依頼事項」の多くは「ゴールイメージ」だけを伝えられます。

依頼した本人でさえ、プロセスについてはあまり深く考えていない場合が多いのです（忙しくて手が回らないからほかの人に依頼しているという場合もありますし、そもそも、そういうことを自分で考えるのが不得意な人もいます）。

そういう依頼事項に対応する際には、このように「手段に分解する」ということを心がけると、何をしなければいけないのか（あるいは、何はしなくていいのか）が明確になりますし、依頼者に対しても適切な報告・共有が可能になります。

誰かから、なんらかのボールが飛んできたら「とにかく要素に分ける」こと。

すなわち、「具体化して、より深く理解する」ということを徹底してください。

Point

複雑な工程や状況もプロセスに分けると、シンプルになる

プロセス分解

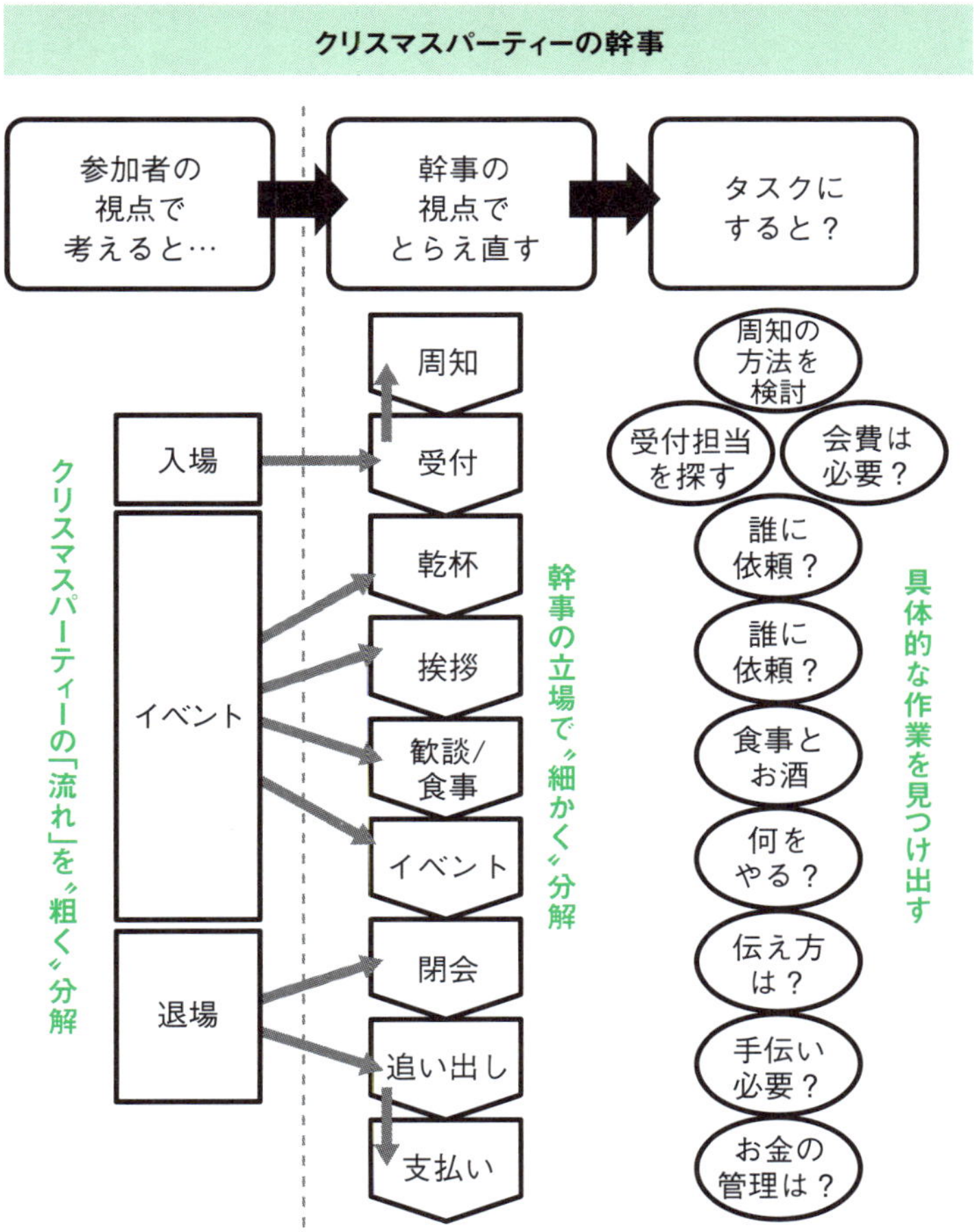
クリスマスパーティーの幹事
参加者の視点で考えると…
幹事の視点でとらえ直す
タスクにすると？
入場
イベント
退場
クリスマスパーティーの「流れ」を〝粗く〟分解
周知
受付
乾杯
挨拶
歓談/食事
イベント
閉会
追い出し
支払い
幹事の立場で〝細かく〟分解
周知の方法を検討
受付担当を探す
会費は必要？
誰に依頼？
誰に依頼？
食事とお酒
何をやる？
伝え方は？
手伝い必要？
お金の管理は？
具体的な作業を見つけ出す

優先順位をつけるための「捨てる技術」の磨き方

「戦略とは捨てること」という言葉があります。

何をするかではなく、何をしないかを定めることで、より重要なものにリソースを集中することができるわけです。


説明においても、「捨てることが大切」というお話はすでに述べました。

ここでは、この捨てる技術を磨くトレーニングをご紹介します。

基本的な考え方として「いろいろ説明したくなる気持ちを我慢する」ことが大切です。お気に入りのレストランを、友だちにお勧めすることを考えてみましょう。

通常、レストランの特徴を説明しようとすると、以下のような情報のリストが出てくるはずです。

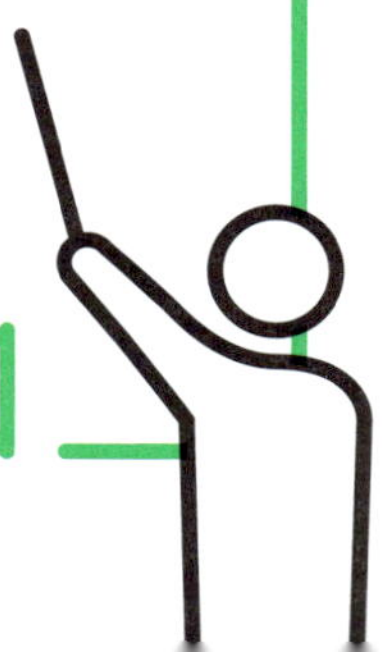

・フレンチ、イタリアン、スペインなどのヨーロッパ各国の料理を提供している
・以前は恵比寿で営業していたが、数年前に新宿に移転。店名も変わった
・料理は、ワインとの相性がいいものがそろっている
・美味しいワインをリーズナブルな価格で提供している
・自然農法の野菜を使っており、旬の野菜をメニューに取り入れている
・鹿肉やイノシシ、ウサギなどのジビエも積極的に使う
・定期的にワイン会を開催しており、ワイン好きが集まる店として有名
・著名人の〇〇さんが、この店での誕生日祝いの様子をSNSにアップしていた
・客単価は5千〜6千円程度

さて、この情報の中で、どうしても伝えたい情報をひとつだけ選び出せ、と言われたら、何を選びますか？

「ヨーロッパ各国の料理を提供していること」でしょうか。

「野菜が自然農法であること」でしょうか。

あるいは、「著名人が通う店であること」でしょうか。

ここでの**ポイントは「捨てること」**です。

あれこれ言いたいという気持ちをグッとこらえて、ひとつだけに絞ってください。

当然ながら、何を選べば正解、ということはありません。

しかし、ひとつだけポイントがあります。それは、「このお店のことを、誰に伝えようとしているか」を先に考えることです。

たとえば、今回のケースでは、

- **一緒に食事に行く相手に、声を掛ける**
- **友人に、デートに使えるお店を教えてほしいと頼まれた**
- **仕事関係の人との会食に向けて、お店の候補を提案する**

などの状況に応じて、伝えるべき情報の優先順位が変わるでしょう。

たとえば一緒に食事に行く相手を誘う場合には、私ならば、「美味しいワインをリーズナブルな価格で提供してくれる店」という特徴を選びます。

もしも、もう1点つけ加えていいなら、「料理は、ワインとの相性がいいものがそろっている」を選ぶでしょうが、1点だけと決めるなら、「美味しいワインをリーズナブルな価格で提供」というポイントに絞るでしょう。

これは、このお店に一緒に行く人が、ワインを好んで飲む人かどうか、が非常に大切だと思うためです。もし、相手がワインを好きでないのならば、このお店は候補から外れ、ほかのお店を提案することになるでしょう。

そのため、このお店について最初に伝えるべきは、「ワインの話」なのです。

友人に頼まれて、デートに使えるお店選びをする場合も、同様に「ワインの話」を最初にすることになると思いますが、自分が同席するわけではないので、そのお店でどういうものを頼むべきか、もしっかりと伝えたほうがいいかもしれません。

したがって「ジビエ料理がお勧め」とか「野菜が美味しい」などの情報を2番目のポイントとして挙げると思います。

でも、ひとつだけに絞るならば、やはりワインの話でしょうね。

仕事関係の会食の場合は、「予算」に絞るかもしれません。どの程度の金額までなら支払えるのか。場合によっては「安すぎると失礼にあたる」というようなこともあるでしょうから、予算の話題は外せません。

もし、「ひとりあたり5千〜6千円程度のお店で大丈夫」という前提が、事前に確認できているのならば、ほかの場合と同様に、ワインの話をするでしょう。

このように、伝える内容を極端に絞る訓練をしてみてください。

- **最近観た映画**
- **新発売のペットボトル飲料**
- **お気に入りのゲーム**
- **マンガの主人公**

・現在の仕事の内容

題材は、いくらでもあります。日々、「これを『1点だけ』に絞って説明しなさいと言われたら、どのポイントを選ぶのか」と自問してみるだけで、情報を捨てる訓練になります。

繰り返しになりますが「1点だけ」とあえて制限してみましょう。現実には、1点だけしか伝えられないなんていう事態はそうそうありませんが、1点に絞る力を鍛えておくと無駄なことを言わなくなります。

Point

絞り込む訓練をすると、説明力や思考力が高まる

数を3つにする練習

戦略コンサルタントは「3」という数字が好きです。68ページでも紹介したように、「3」は非常にバランスがいいのです。

具体例を挙げる際に、2つだけだと一般的な事象としてイメージしにくく、3つくらいはほしくなります。また、偶数よりも奇数のほうが「中心」を意識できるので、並べて書いてみた場合におさまりがいいということもあります。

前項では「無理やりにでも、ひとつだけに絞る」というお話をしましたが、今度は、数をそろえる、ということにトライしてみましょう。

要するに、「常に3つにする訓練」です。

具体例を3つ挙げる

まずは、具体例を挙げてみる練習です。
ここでは、会議における失敗例、を3つ挙げてみましょう。

1. ゴール・目的が明確ではない
2. 会議の出席者の理解度がバラバラ

さて、もうひとつは何にしましょうか?

この2つは、会議の最後の到達点の話と、スタート時点の理解度の話をしています。こういう場合は、会議中のものを入れるとバランスがいいでしょう。ということで、

3. 議題の順番が適切でない

あるいは、

3. 議事進行がうまくいかず、議論がまとまらない

というようなものを加えて、3つにします。

条件を3つ挙げる

続いては、働きやすい職場の条件、を3つ挙げてみましょう。

1. 職場の雰囲気が明るい
2. 職務内容・担当領域が明確
3. 積極的に助け合う関係性がある
4. ダラダラと働かず、自分の仕事が終わると帰りやすい

今度は、4つになりました。こういう場合は「3つにくくり直す」ことにトライし

ます。具体的には、4つの物事の関係性を理解するといいでしょう。

まず、職務内容・担当領域が明確（2）であれば、自分の仕事が終わると帰りやすい（4）ということにつながりそうです。

一方で、職務内容が明確（2）な状況では、お互いに助け合う（3）のは難しいのではないかと思います。

つまり、ここでは「一見すると矛盾している要素」を両立させる、といっているわけです。また、職場の雰囲気が明るい（1）ことは、お互いに助け合う（3）ために役立ちそうです。それらをふまえると、

1. 明るく、コミュニケーションを取りやすい雰囲気
2. 責任範囲が明確で、自分の担当業務を切り分けやすい
3. 余裕のある人が、ほかの人の仕事を手伝い、全体の生産性向上に努める

というようにくくり直すことができます。

もちろん、挙げた例が2つであっても、4つであっても、実務において困ることは

ありません。しかし、この「要素の数を自由にコントロールできるスキル」は、説明力の重要な一要素ですので、ぜひ、鍛えてください。

Point

常に「3つ」のポイントを見つけ出そう

レベル感（粒度）をそろえる練習

今度は、物事のレベル感をそろえる訓練です。余談ですが、私がコンサルタントとしてやっていく際に、非常に苦労したのが、この「レベル感」です。

実際には、抽象度の高い事象を整理する際に、その難しさと直面するのですが、まずは、具体的な物事のレベル感をそろえていく練習から始めることをお勧めします。

最適な題材は、居酒屋のメニューです。

次のようなメニューがあるとします。

【居酒屋メニュー（例）】

刺身：盛り合わせ（大・小）、炙りしめさば、マグロ、ヒラメ、アジ

とりあえず：冷奴、枝豆、たこわさ、梅水晶

サラダ：グリーンサラダ、シーザーサラダ、鮮魚のサラダ
揚げ物：コロッケ、ハムカツ、タコの天ぷら、若鶏のから揚げ、揚げ出し豆腐
焼き物：ホッケ、子持ちシシャモ、ハマグリ、出汁巻き卵
鶏料理：地鶏山椒焼き、地鶏にんにく焼き、地鶏のタタキ、治部煮
串焼き：盛り合わせ、鶏もも、レバー、つくね、梅ささみ、豚バラ、プチトマト
ご飯もの：卵ご飯、焼きおにぎり、焼きうどん、海鮮焼きそば、漬物盛り合わせ
甘味：自家製プリン、バニラアイス、きな粉餅

多くの居酒屋で、だいたい、こういう感じで分類、つまりカテゴリー分けされています。これを眺めながら、次のようなことを考えます。

カテゴリーの定義を考える

多くの場合、メニューの分類はＭＥＣＥになっていません。そこに違和感がないか、を最初に考えます。

- **「とりあえず」とは？→注文するとすぐに出てくるもののことのようだ**
- **「焼き物」「鶏料理」「串焼き」の違いは？→焼き物には網焼きもフライパンも含まれている。串焼きは串にさして焼いている。鶏料理は、鶏肉料理のようだ**
- **「ご飯もの」とは？→いわゆる「〆（しめ）」で、飲んだあとに食べる炭水化物系料理のことのようだ**

ツッコミどころを探す

すでにお気づきのとおり、先の分類にはいくつかのツッコミどころがあります。それを探していきましょう。

- **若鶏のから揚げや、鶏ももの串焼きなどは「地鶏料理」ではないのか**
- **鮮魚のサラダは、「刺身」ではないのか**
- **「ご飯もの」に、米料理以外が入っていていいのか**

・**漬物盛り合わせは、提供速度から考えると「とりあえず」のほうがいいのではないか**

メニューを追加してみる

さらに、書かれていないメニューを追加してみましょう。ここでは、鮮魚のカルパッチョ、馬刺し、アサリの酒蒸し、茶わん蒸し、を考えてみます。

・**鮮魚のカルパッチョは「刺身」ではないが、「鮮魚」と分類すれば含まれそう。**
・**馬刺しは「刺身」だが、さすがに魚と一緒にするのは難しい。**
・**アサリの酒蒸し、茶わん蒸しも、丁度いい分類がない。**

論点を整理する

こうしてみると、感じていた違和感の理由が見えてきます。つまり、

- **素材（地鶏料理、ご飯もの）**
- **調理法（刺身、揚げ物、焼き物、串焼き）**
- **注文のタイミング（「とりあえず」は最初。「ご飯もの」は最後）**

などの、複数の分類軸が混在していたわけですね。こうなると、いわゆる「ダブリ」が頻発します。

さらに、分類軸にモレがありました。アサリの酒蒸し、茶わん蒸しなどの料理は、揚げても焼いてもいませんし、すぐに提供されるわけでもないので、これらのどの分類にもカテゴライズできないわけです。

もちろん、メニュー表がMECEでないことで、お客さんが困るわけではありません。しかし、この違和感の理由を考えると、分類軸を「提供タイミング」に統一して整理していくといいかもしれません。

「とりあえず」「前菜」「一品料理」「主菜」「〆」「デザート」という具合です。

一品料理を「副菜」としたり、〆を「主食」としたりするのもいいでしょう。

また、一品料理が多くなりすぎるようなら、その中に「揚げ物」「蒸し物」「串焼き」などの小分類（サブカテゴリー）を加えるのもいいアイデアです。

同様に、前菜の中に「サラダ」をサブ分類として残してもいいでしょう（むしろ、前菜と定義すると、サラダだけではなく、ほかの料理も加えたくなりますね）。

こうして、料理の提供タイミングで分類を定義したと割り切れば、「〆」カテゴリーに、漬物盛り合わせや、味噌汁などを入れてしまってもかまわないと思います。

なお、この分類方法は、206ページで解説した「プロセス分解」の手法を用いています。居酒屋に入店してからお会計までのプロセスを想像して、適切に分解していけば、MECEになりやすく、粒度（レベル感）もそろいやすくなります。

Point

日常的な題材で粒度を意識することから始めよう

サマライズトレーニング

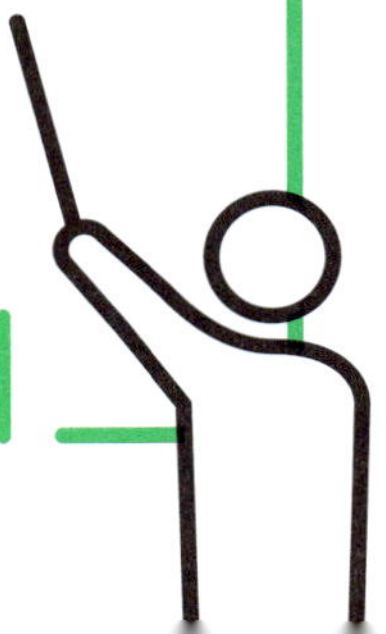

サマライズは、日本語でいうところの「要約すること」です。

「要点に約する」という文字どおり、余計な情報を捨て、重要な物事にだけ絞り込むわけです。

すでに、「情報を絞り込むトレーニング」、「要素の数を減らしたり増やしたりするトレーニング」については解説をしました。

ここでは、さらに、もう一歩踏み込んで、情報を「うまくサマライズするトレーニング」をご紹介します。

お勧めの方法は「骨太のビジネス書を章ごとにサマライズする」というものです。

たとえば、マイケル・ポーターの『競争の戦略』（ダイヤモンド社）、ジェイ・B・バーニーの『企業戦略論』（ダイヤモンド社）、コトラーの『マーケティング・マネジメント』（プレジデント社）など、分厚いビジネス書をサマライズしてみましょう。

骨太な本をサマライズすることは、難易度的にも根気的にもハードルが高いのですが、ビジネスパーソンとしての基礎力向上にも役立ちますのでお勧めです。

こういうトレーニングはある程度の数をこなしてくると、サマライズするスピードも、質も高まってきます。

大事なのは、そうしてサマライズした結果を誰かに見せて批評を受けることです。

ブログやSNSなどで公開してみるのもひとつでしょう。多くの人の目に触れることで、さまざまなフィードバックがあります。

仮にコメントがつかなかったとしても、人に見られる前提で情報をサマライズするのは、トレーニング効果を高めるという意味でも役立ちます。

もしネット上ではなく、直接人の批評を受けられるのならば、目上の人や、自分よりもビジネス経験の長い人にコメントをもらうほうが望ましいでしょう。

経験が豊富で多様な視点を持った人たちに、自分が作成したサマリーを評価してもらうことは、「このサマリーで十分に、伝えたいことがまとまっているか」を確認することを意味します。これは、質の向上につながります。

あるいは、あなたが、「議事録」を書くような種類の会議に出席する機会があるのならば、率先して議事録作成を担当しましょう。

そして、特に頼まれていなくても、冒頭に「議事録のサマリー」をつけましょう。そのサマリーを出席者（できれば、上司・先輩）に見てもらうのです。

なお、**これはサマライズの訓練になるだけではなく、仕事に対するやる気アピールにもつながります。** さらに、議事録は、チームの効率および精度向上に貢献しますから、一石で三鳥くらい落とせるお得なトレーニングだといえます。

そして、非常に大事なことなのですが、こういう訓練をしている人は、ほとんどいません。つまりほとんどの人はサマライズできません。

ですので、あなたが「サマライズできる人」になった暁には、仕事におけるあなたの評価は格段に向上します。騙されたと思って、ぜひ、お試しください。

Point

ビジネス書をサマライズして、人からのフィードバックをもらおう

クリスタライズトレーニング

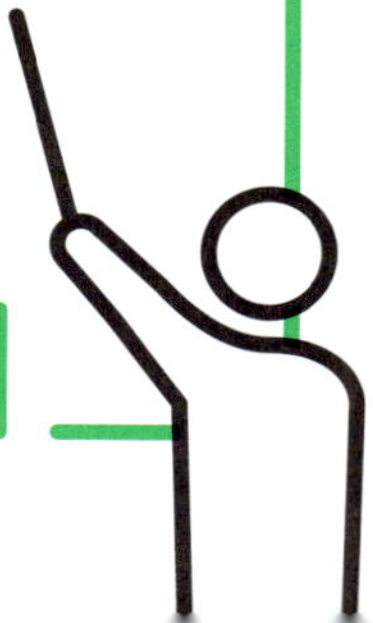

サマリーを作る能力をさらに磨き上げるために、クリスタライズ（結晶化）のスキルも身につけていきましょう。

これは、端的に情報を伝えられる「適切なキーワード」を見つけるテクニックです。

大事なのは「その言葉（キーワード）だけで、言いたいことがしっかり伝わっているか」です。キーワードをくくり出したら、その観点でチェックしてみましょう。

115ページで挙げた「温泉旅行」の例では、「週末に旅行に行った」では不十分で、「彼女と箱根旅行」「ロマンスカーで生ビール」などの具体性を伴った表現にするべきだ、と述べました。

まさに、これが重要なポイントです。

クリスタライズにおいては、なるべく抽象的な表現にせず、具体性を残す必要があります。しかし、具体性を残そうとするあまり、文字数がまったく減らない、というのも困ります。そこで使うのが**「概念化」**です。

新入社員に、こんなアドバイスをしたとします。

「メールの誤字脱字を直せ」
「客先でネクタイを緩めるな」
「挨拶は大きい声でしろ」

この3つのアドバイスは非常に具体的です。真面目な社員は、言われたとおり「誤字脱字をしなくなる」「ネクタイを緩めなくなる」「挨拶を大きい声でするようになる」でしょう。

が、それをしていると、「遅刻するな」とか「名刺交換では相手の名刺を先に受け取れ」とかを逐一、指摘していくことになります。

しかし、これでは情報が減らず、増える一方です。ここで、多くの人は抽象的な指摘をすることになります。

「社会人常識を身につけろ」

こういうアドバイスをされた新入社員は、もちろん、社会人常識を身につける必要があるということは理解しますが、結局のところ「社会人常識とは何か」がわからないために、行動に移せません。結果、ひとつひとつの具体的な指摘・指導を積み重ねていくことになります。

そこで、概念化の登場です。たとえば、私の場合は、このように伝えます。

「プロ意識を持って、仕事に臨んでください」

「プロ意識を持った社会人」というのが、ここで伝えたかった「概念」です。

その概念どおりに、つまり、「プロ意識を持った社会人」を手本と置いて、その人が取りそうな行動を取り、その人がやらなさそうな行動は避ける、ということになります。

もちろん、プロの定義は人によって多少は異なります。

しかし、なんらかの行動が「自らがプロであると自信を持って言えるかどうか、という〝基準〟に照らし合わせる」ということが行動規範そのものになります。

ひょっとしたら「名刺を受け取る順序」を間違えてしまうかもしれません。でも、メールの誤字脱字だとか、打ち合わせに遅刻するなどの「誰の目から見てもプロ意識に欠ける『愚かなミス』」はなくなるはずです。

このように、概念という形に昇華することで「一番伝えたかったのはなんなのか?」ということが明らかになるわけです。

このように、伝えたい内容を「端的に伝えられるキーワード(ここでは『プロ意識』)」を探すことは、物事に「あだ名」をつけるという意識を持つと鍛えられます。

一時期、芸能人にあだ名をつける、ということを得意芸にしていた芸人さんがいましたが、彼のやっていることは、まさしく「クリスタライズ」です。

たとえば、「山田ってどんな奴?」と聞かれたときに、生年月日や出身地などの

〝具体的〟な項目を答える人はいないでしょう。

「面白い奴」「変な奴」などの回答が一般的だと思います。

これが「抽象的」な表現ですね。

しかし、「サイヤ人みたいな奴」あるいは「ベジータ」と答えてみたらどうでしょうか。これは「サイヤ人（もしくはベジータ）という〝概念〟」で友だちを表現しています。深読みすると「ちょっとひねくれていて人間的には尊敬できないけど、仕事のパートナーとしては最高」とかいうことまで、高度に〝概念化〟しているといえます。

先の芸人さんであれば「引っ込み思案なサイヤ人」とか「打たれ弱いベジータ」などの形容詞を加えることで、もっと詳細な内容をイメージしやすい表現にすることでしょう。

もちろん、他人を侮蔑するようなあだ名をつけていいはずがありませんので、リスペクトを持ってつけましょう（また、相手に伝える必要もありません）。

そういう意味では、まず、自分自身にあだ名をつけてみるといいでしょう。あるいは、人ではなく、本や映画など商品にあだ名をつけてもいいです。

たとえば、『スター・ウォーズ 帝国の逆襲』を「壮大な親子喧嘩」と表現してみるだとか、田山花袋の小説『蒲団《ふとん》』を「読まれない名作」と表現してみる、という感じでしょうか。

あだ名づけは、その対象物の本質を探すことに力を注ぐことそのものです。自然とどうやって表現したらわかりやすく伝わるかを考えることになります。

おそらく、「あだ名をつける」という芸を売りにしていた芸人さんは、すべての収録現場で（あるいは事前準備として）、共演する相手の本質を見抜くために心血を注いでいたことと思います。その場でタイムリーにあだ名をつけるというのは、非常に難しいことです。そのプロフェッショナリズムに頭が下がりますね。

Point

あだ名をつけるトレーニングをしてみよう

仮説思考を使った説明トレーニング

仮説思考というものをご存じでしょうか。

仮説思考とは、いきなり相手に質問したり、正解を探したりするのではなく、情報の少ない段階から問題の全体像や結論を考えて「仮説」を作る思考法のことです。

仮説思考をできるようにしておくと、説明力も高まります。

なぜなら、「仮説」をスタート地点として設定し、そこを起点として、話し手と聞き手の認識を修正することができるからです。

具体的な例で考えてみましょう。

よくある仕事の失敗に「上司やクライアントが考えているであろう〝正解〟を当てにいく」という仕事の進め方があります。これは、定型化された仕事や単純作業ならいざ知らず、「考える仕事（＝ホワイトカラーの仕事）」においては悪手中の悪手です。

というのも、相手の中に「確固たる正解」があることのほうが少ないために、当てたり寄せたりすることができないのですね。

たとえば、「なんか違うんだよなー」「んー、なんか、こう、斬新なのが欲しいなー」「もうちょっと考えてみてよ」とか言っている方は、具体的な正解をイメージできていません。

こういう場合の対処法は「自分で、コレだ！　と思うものを決めて、それをブツける」しかありません。

つまり「自分なりの答え」、「仮説」を決めるということです。これが、仕事における「仮説思考」です。

誰かに何かを説明しようとするときに、ぜひ、「自分なりの〝仮の〟ストーリー」を考え切って臨むことを心がけましょう。

では、日々の生活の中で、仮説思考で説明してみましょう。

身近な例であれば、「今日の昼ご飯に何を食べに行くか」ですとか、「仕事に役立つ本を3冊選ぶ」というようなことでもよいでしょう。

そういうテーマに対して、

- **何を選ぶか**
- **それは、なぜか（なぜ、ほかの選択肢ではダメか）**

を考えます。相手が何を食べたいか、どういう本を求めているか、については、手元にある情報を参考にするに留め、あえて、追加の確認をせずに考えます。

- 今日は蒸し暑いので、さっぱりしたもののほうがいいだろう
- 昨日の昼食は、一緒にラーメンを食べたから、今日は麺類はやめておこう
- 午後の仕事は忙しそうなので、エネルギーになりそうなものだといいな

というように考えた結果「冷やし豚しゃぶ定食」というアイデアを出したとします。

これが、仮説です。

そこで「冷やし豚しゃぶ定食は、どう？」と相手にたずねた結果「もっとガッツリ

したのがいい」と言われた場合は、先ほどの「蒸し暑いから、さっぱりしたもののほうがいい」という考えが間違っていたことがわかります。

一方で、麺類でないことや、エネルギーになりそうなものというのは間違っていないようだな、と判断できますので「じゃあ、トンカツとか？」と返してみるというふうに別の仮説を当てます。これを繰り返して、合意形成に向けて進んでいきます。

仮説の目的は、一回目に正解を得ることではありません。会話の中で、何が違ったのかを理解し、方向修正を繰り返して正解を探しましょう。

この過程で、相手の中にも、答えに向かう道筋ができあがります。

続いては、仕事の場面に即した例で考えてみましょう。

上司から「来週開催される部長会の資料のたたき台を作ってほしい」と言われました。さて、あなたは、どういう内容とストーリーで資料をまとめますか？

ここで「上司の思っている資料のアジェンダや、組み立ててってどういうものだろうか？」と考え始めてはいけません。

あなたなりの答えを探しにいきましょう。たとえば、

・前回の部長会で報告した内容のその後の進捗状況や成果（情報更新）
・前回の部長会以降に新たに始めた取り組みと、その結果（作業実績）
・今後取り組んでいく打ち手や施策（今後の予定）

などが必要なコンテンツでしょう。その上で、

・出席者（他部署の部長職や、さらに上の事業部長等）の興味・関心を満たすために、発表者（自部署の部長＝この作業の依頼主）が「伝えるべきこと」として十分かという視点でチェックします。あくまでも「参加者のために伝えるべきこと」であり、「部長が伝えたいであろうこと」ではないのがポイントです。

「考え抜いた仮説」であることが重要

忘れてはいけないのは、決して「単なる思いつき」ではなく「全身全霊で考え抜い

た仮説」「自分なりに説明できる理由に基づいた仮説」を作ることです。

そして「一部分」だけでは終わらず、「全体」「流れ（ストーリー）」を作り切ることが大切です。もちろん、仮説の精度を上げるために、先に調べられるものは調べます。たとえば、「前回の部長会の資料」をちゃんと読んでおくのは良策ですね。調べられるものは、調べておいて損はありません。

上司から「期待していたものと違う」という指摘を受けることもあるでしょう。しかし、それはあなたの整理力（つまり仮説構築能力）の幅を広げるチャンスです。

「何が違うのか」「どこの部分は合っているか」などを質問しましょう。

目の前に仮説＝たたき台があるわけなので、あなたの上司が「一家言ある人」なら、いろいろな思いを吐露してくれるはずです。

その会話で得られた情報を基に、あなたの仮説の何が間違っていたのかを検証し、そのポイントを修正していきましょう。

その結果、上司も、あなたも、そしてほかの人も納得できるアウトプットが完成するはずです（この一連の「仮説構築→検証→更新」というプロセスが「仮説思考」です）。

上司にとって（あるいはクライアントにとっても）、こういう「考え抜いたもの」を持ってきてくれる人は、貴重です。自分で考えなくても、それなりに考え抜いたものを持ってきてくれるわけですから、それは便利ですよね。

さらに、それらの「考え抜いたもの」にこだわりすぎず、それをどんどん更新して、本当に欲しかったもの、たどり着きたかった結論を一緒に探してくれる部下（あるいはコンサルタント）は、信頼を得られ、重宝されます。

「物事を説明する」ということは、一方的な活動ではありません。相手の頭の中を整理しながら、一緒に歩いていくことも、物事の理解を深めるために、強く意識すべきことなのです。

まず、最初に自分なりの仮説を持ち、その仮説を、相手と一緒により正しいものに修正していくことで、論理立てて物事を説明する能力が磨かれていきます。

Point

自分なりの仮説があると、物事を整理して伝えられる

仮説思考

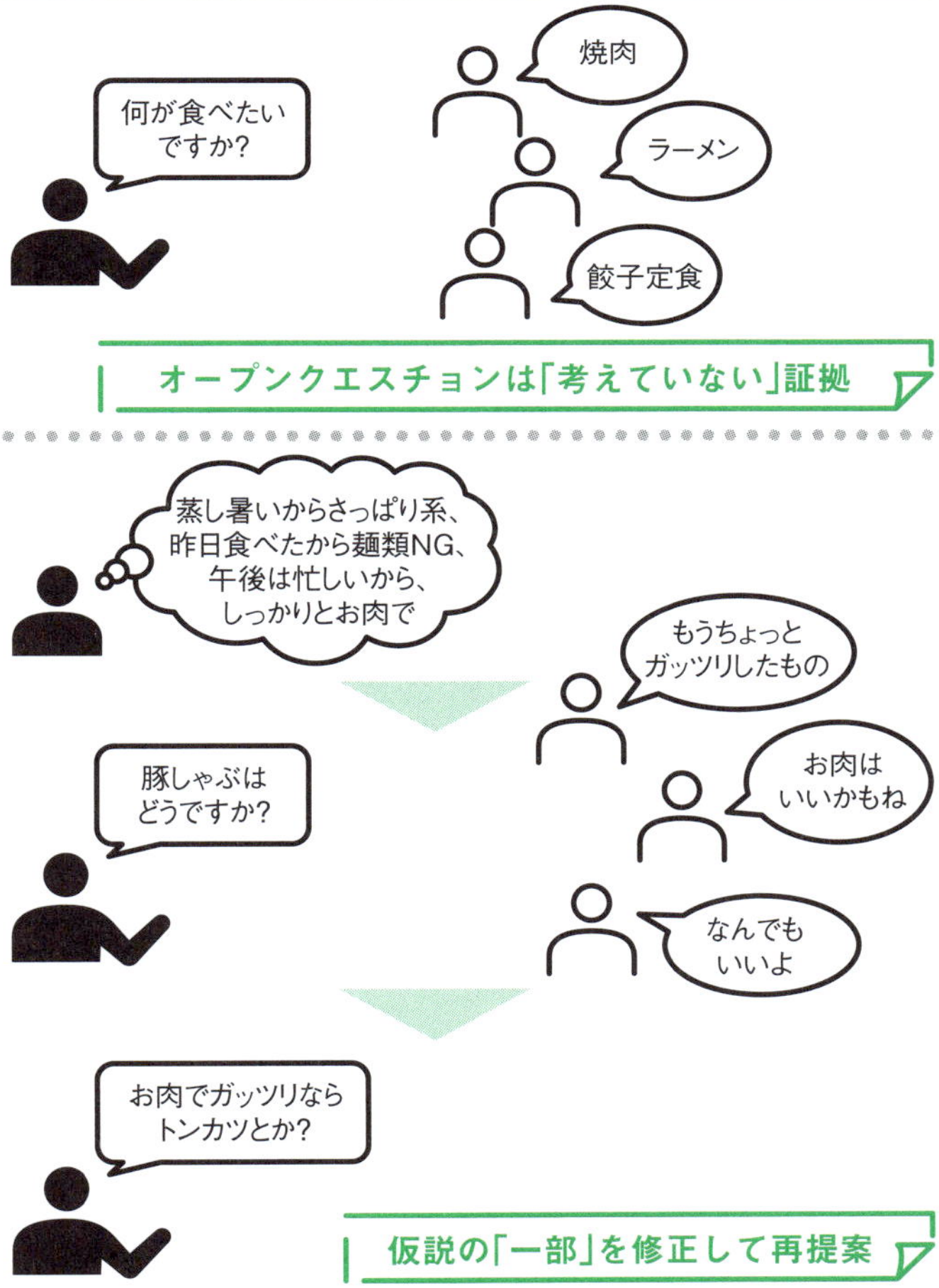
何が食べたい
ですか?
焼肉
ラーメン
餃子定食
オープンクエスチョンは「考えていない」証拠
蒸し暑いからさっぱり系、
昨日食べたから麺類NG、
午後は忙しいから、
しっかりとお肉で
もうちょっと
ガッツリしたもの
豚しゃぶは
どうですか?
お肉は
いいかもね
なんでも
いいよ
お肉でガッツリなら
トンカツとか?
仮説の「一部」を修正して再提案

アナロジートレーニング

戦略コンサルタントはプロ野球選手みたいなもの

アナロジーがうまくなるためのお勧めの練習としては、職業や業種・業態などを、別のものにたとえてみる、というものがあります。

仕事柄、「戦略コンサルタントになりたい」という若い方にときどき出会うのですが、そういう方たちの抱いている「戦略コンサルタントのイメージ」がバラバラだったりするので、何かいいたとえはないかな、と常々思っていました。

最近は「戦略コンサルタントって、プロ野球選手みたいなものだよ」とお伝えすることにしています。

人数で考えてみる

プロ野球選手は、1試合に出るスタメンは9人（DHを入れて10人）。リリーフやクローザーなどを入れて、1試合でせいぜい15人くらいでしょう。単純に考えると、15人×12球団で180人が「最上級のプロ」ということになります。もちろん、先発ローテーションもありますし、1軍登録が28人ですから、336人は「トップ層のプロ」でしょう。

また、1軍の試合に出られる「支配下登録選手」は各チーム70名までですから、70×12＝840人が「プロ野球選手」という感じかと思います。

一方、国内の戦略コンサルタントの数は、定義にもよりますが、せいぜい数百人程度。頑張って拡大解釈しても2000人もいないのではないかと思います（出身者を含めると、数倍います。でも、現役の戦略コンサルタントってそれくらい希少種だと思います）。

向き不向きで考えてみる

プロ野球選手は、子どものころから野球が大好きです。そして、野球に向いています。好きこそものの上手なれ、を体現している人たちです。そして、日々の練習・鍛錬を怠りません。プロであり続けるために、もっというと、プロとしてより高みを目指すために、たゆまぬ努力を惜しみません。

戦略コンサルタントは、考えるのが大好きで、得意です。

どれだけ疲れていても、決して考えることから逃げることはありません。

考えていて納得がいかないと「気持ち悪い」と感じ、気持ち悪さが消えるまで、突き詰めて考え抜きます。

また、知識を増やしたり、思考の幅を広げたりするための活動も怠りません。

野球が好きでない人が「なんとなく野球選手になりたい」と言っても難しいのと同様、考えること・考え抜くことに対して、抵抗感のある人は「なんとなく戦略コンサルになりたい」と言っても、なかなか難しいように思います。

仕事内容で考えてみる

プロ野球選手は、結果にコミットします。もちろん、求めるべき結果は「チームとしての勝利」ですが、そのためには個人成績も重要です。チームに貢献するという前提ですが、基本的には「個人技で活躍すること＝チームへの貢献」ということになりますから「個人として、勝負して、勝つ」ということが重要です。

特に、野球の場合、多くの場面が1対1（ピッチャー対バッター）という構図ですので、チームで戦う競技の中では「個人の能力」で戦う一匹狼的な側面が強いスポーツだと思います。

戦略コンサルタントも、チームプレイがモットーです。

そして結果（プロジェクトの成功＝クライアントへの価値提供）にコミットします。

しかしながら、少人数かつ短期間（3人で2カ月とか）で成果を出さなければならない状況が多いため、個々人が高い能力を兼ね備え、また、常に100%以上の力を発揮することが求められます。

バッターボックス（打ち合わせ）に入ると、どんなボール（質問や反論）が飛んできても、きちんと状況を見定めて適切に打ち返すことが求められます。このあたりは、完全に個人技です。

担当分野で考えてみる

プロ野球選手は、基本的には打席に立ってボールを打つのが共通の仕事ですが、守備に回ると役割が分かれます。

速いボールを正確に投げられるピッチャー、試合全体の把握力が高くリーダーシップがとれるキャッチャー、瞬発力が高くて器用な内野手、肩が強くて足も速い外野手、という感じでしょうか。それぞれの役割をきちんとこなすのが重要です。

戦略コンサルタントも、基礎能力（＝考える力が高い）は全員に共通に求められますが、個々人によって、得意・不得意はあります。

具体的にいうと、コミュニケーション能力に秀でている、抽象度の高い概念の言語化・図式化能力に優れている、思考のジャンプ能力（いわゆる発想力）がすさまじい、ある領域（SCMや営業領域、あるいは特定の業界）に関する知見が非常に深い、前職で特定の業務（大規模システムの業務設計や運用業務など）を豊富に経験している、などが「基礎能力の〝上に乗る〟能力」です。

こういう能力があると、ぴったりはまる仕事でより成果が出しやすくなります。基礎能力だけではダメで、「突出した個性」が必要、ということですね。

しかし、「足が遅いプレイヤーでも、ホームランを量産できれば問題ない」ように、「コミュニケーション能力はそれほど高くない戦略コンサルタントでも、思考の整理力が突出していれば価値を出せる」ということも言えます。

もちろん、どちらの場合も〝最低限の基礎能力がある〟ということが前提ですが。

上記の「戦略コンサルタントVSプロ野球選手」の例は、第5章で紹介した「アナロジーの3つの原則」を満たしている例だと思います。

「原則1：『相手が理解しているもの』でたとえる」という意味では、一般的な「プロ野球選手」を引き合いに出していますので、クリアしていると思います。

「原則2：ちゃんと『似ている』」という観点では、前述のとおり十分似ているといえるでしょう。

また、「原則3：意外性がある」については、「よくわからないもの（戦略コンサルタント）」と「一般的にわかるもの（プロ野球選手）」を並べている、という時点で適度な距離があると思います。

さらにいえば、サラリーマンの一種である戦略コンサルタントを、同じサラリーマンという部類には含まれないもの（スポーツ選手）から選択しているということで、「距離」を確保できていると思います。

そして何より、この例を用いたことで「戦略コンサルタント」という職業が、どういう特性のものなのか、が多少なりとも伝わったのであれば、このたとえは成功ということになります。

その一方で、「もっと仕事の内容に踏み込んでほしい」「具体的な業務のイメージがわからない」というような場合には、非常に使い古されたアナロジーである「戦略コンサルタントとは、企業のお医者さんみたいなもの」という話になると思います。

このように、いろいろな比喩のパターンを試しに考えて作ってみましょう。
そして、それをストックし、ことあるごとに使ってみてください。
実際に考えて、会話の中で使ってみることが重要です。
あなたの考えたアナロジーがうまければ、
「確かにそのとおりだ！」
と、いい反応が得られるでしょうし、反応が悪ければ、改善の余地があります。
たとえ上手になるために、日々、訓練し、実際に披露して反応を確かめましょう。
それがあなたの説明力の向上に大きく寄与します。

Point

アナロジーの技術は実践することで磨かれる

おわりに

考え方を、考えよう

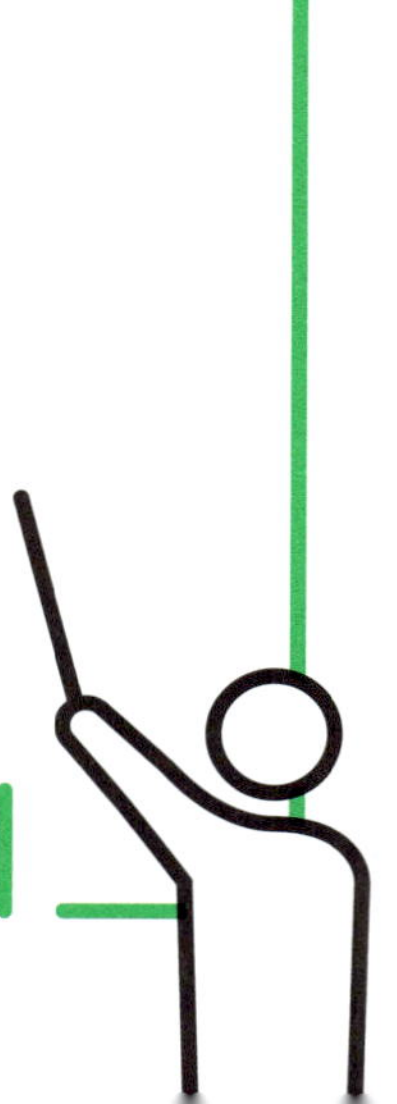

わかりやすい説明のやり方について書籍としてまとめる。言い換えれば、説明について説明するという、とても難しいお題を頂いて四苦八苦しながらまとめたものが本書です。お読みいただいた皆様の「説明力」にプラスの影響がありましたでしょうか。

本書の企画のベースとなったのは、私が取締役を務める「株式会社ギックス」という会社のｗｅｂサイト（www.gixo.jp）に掲載していた「説明ベタを克服しよう」というテーマのブログ記事です。

私は、考えることが極めて好きです。自らを「シンカホリック（思考中毒）」と名乗ることもあります。より効率的に頭を使えば、より深く、たくさん考えることができますから、日々、そうありたいと思っています。

より多くの人が、より多く考えるようになれば、世界の考える総量は増えます。それにより、世の中の無駄が減り、仕事の進みも早くなり、社会の効率が上がります。

本書の元となったブログには、「物事の考え方を伝えることで、より多く・深く考えられる人が増える」ということにつながってほしいという思いを込めていました。

この度、そのブログの内容を基軸に情報を再整理し、書籍として刊行することで、より多くの方に、「考える」ためのテクニックをお伝えする機会を頂戴できたことは、とてもうれしく、またありがたいことだと思っています。

「説明する」ということは、効率的に考えることが活きるシーンのひとつです。さらに言えば、説明は、聞き手の「考える」にも影響を与えることができます。

『はじめに』でも述べたとおり、本書の主眼は、物事を説明する力の解説に置かれていますが、その裏側には**「考え方を、考える」**という思想が流れています。考え方を考えることで、物事をスムーズに理解したり、説明の目的に合わせて適切な伝え方を選び取ったりすることができるようになります。

本書で解説した「説明のやり方」を実践することが、皆さんの「考える量」を増やすことにつながると、とてもうれしく思います。

Be a thinkaholic！（考える人になろう！）

２０１８年５月　田中耕比古

【著者プロフィール】
田中耕比古（たなか・たがひこ）

株式会社ギックス取締役 CMSO（Chief Marketing & Strategy Officer）。

2000 年、関西学院大学総合政策学部卒業。アクセンチュア株式会社、日本 IBM 株式会社を経て、2012 年より現職。

「考える総量の最大化」をビジョンに掲げ、製造、金融、医薬、通信、流通・小売などの多様な業界の、事業戦略立案から SCM 改革、業務改革、人材育成にいたるまで幅広い領域で、"思考支援"型のコンサルティングに従事。

著書に『数字力× EXCEL で最強のビジネスマンになる本』『論理思考× PowerPoint で企画を作り出す本』（ともに翔泳社）、『デキる人が「当たり前」に身に着けている！ 仕事の基礎力』（すばる舎）がある。

◎株式会社ギックス　　http://www.gixo.jp

一番伝わる説明の順番

2018 年 6 月 17 日　　初版発行
2024 年 4 月 29 日　　16刷発行

著　者　田中耕比古
発行者　太田　宏
発行所　フォレスト出版株式会社
〒 162-0824 東京都新宿区揚場町 2-18　白宝ビル 7F
電話　03 - 5229 - 5750（営業）
03 - 5229 - 5757（編集）
URL　http://www.forestpub.co.jp

印刷・製本　中央精版印刷株式会社

ISBN978-4-89451-983-1　Printed in Japan